Saudades do mundo

Eduardo Sterzi

Saudades do mundo

Notícias da Antropofagia

todavia

sejamos como se fôramos
num mundo que fosse: o Mundo.

Carlos Drummond de Andrade,
"Cantiga de enganar", *Claro enigma* (1951)

Introdução 9

Experimento e experiência 13
Antropofagia como máquina de guerra 18
Diante da lei — da gramática — da história 23
O drama do poeta 43
O copista canibal 74
A irrupção das formas selvagens 80
O apocalipse das imagens 85
A voz sobrevivente 113
Uns índios (suas falas) 131
O errante, a terra 161
Fotografia como circum-navegação da antropologia 187
O antropófago 206

Notas 209
Sobre os textos 235
Créditos das imagens 238

Introdução

Reúno aqui alguns dos textos que escrevi, ao longo dos últimos anos, em torno da Antropofagia — o que, como o leitor logo perceberá, implica também tornar mais difuso, ou mesmo esgarçar, no tempo e na compreensão teórica, o próprio conceito de Antropofagia. Isto é, postula-se, nestas páginas, uma noção de Antropofagia que, embora tenha como ponto de partida a reivindicação por Oswald de Andrade e pelo grupo da *Revista de Antropofagia*, a partir de 1928, da prática ritual tupinambá de captura, assimilação comunitária, assassinato e devoração do inimigo como, digamos, protótipo para o pensamento e a ação — ou, mais exatamente, para o *pensamento-ação* — no presente, engloba também aproximações anteriores e posteriores, implícitas e explícitas, ao tema, pelo menos de Joaquim de Sousândrade a Eduardo Viveiros de Castro. Comum a todas essas obras e projetos é, por um lado, o questionamento ativo e incessante das grandes figuras do Um (identidade, individualidade, subjetividade, mas também povo, nação, língua, literatura etc.); por outro, a dificuldade ou mesmo impossibilidade, para o leitor, de distinguir entre cultura e política, *poiésis* artística e práxis social, estética e ética, não mais, porém, pelas vias costumeiras da subordinação do primeiro ao segundo termo, mas, sim, pela renovação conceitual e prática de ambos os polos (a cultura não é mais o que era; a política não é mais o que era etc.) e pela consequente dissolução das dicotomias que eles, em suas supostas formas "puras", engendravam. É importante, aqui, a preocupação de compreender de maneira mais precisa, isto é, a partir de uma perspectiva que seja ao mesmo tempo filosófica e filológica, a formulação oswaldiana da Antropofagia, normalmente barateada pela sua leitura corrente a partir do modelo econômico da inversão da balança comercial, no qual, em vez de exportar commodities e importar produtos acabados, o artista e o intelectual periféricos passariam a absorver a matéria-prima das metrópoles para produzir obra própria e exportável (com a conversão da Antropofagia numa espécie de recorrência da Poesia Pau-Brasil). No entanto, para além desse esforço de delimitação ou redefinição inicial do problema, é a constelação antropófaga, que como toda constelação depende do olhar de determinado observador para se constituir como tal, que realmente importa nestes textos.

Cabe frisar ainda que os textos aqui reunidos têm relação direta com um pequeno livro que publiquei em 2008, *A prova dos nove: Alguma poesia moderna e a tarefa da alegria* (São Paulo: Lumme), no qual ensaio uma primeira abordagem à Antropofagia oswaldiana (lida ali como, digamos, uma teoria da poesia), assim como com um livro escrito a quatro mãos com Veronica Stigger, a ser publicado em breve, *A Semana e o século: Nas ruínas de 22*, no qual revisitamos obras e discursos dos momentos iniciais do modernismo para tentar compreender as razões da sua ressonância e, sobretudo, da sua reivindicação constante por artistas e intelectuais ao longo dos últimos cem anos. Em suma, pede-se ao leitor que tenha em mente que o que aqui se apresenta são fragmentos de um esforço mais vasto, ainda em progresso, que vem de longe e provavelmente continuará tomando a forma de outras questões e outros textos pelos anos vindouros. Pede-se também alguma benevolência com o fato de que os textos aqui reunidos foram escritos ao longo de mais ou menos dez anos, aliás, os mais dramáticos da história recente do Brasil, com os fins mais diversos (de conferências e ensaios a posfácio e resenha — e até um quase-manifesto, o único texto completamente inédito desta coleção) e, portanto, apresentam certa heterogeneidade formal e mesmo de tom que, pelo menos espero, não deve desfazer a impressão, para mim importante como pesquisador, de um repensamento incessante, por meio de variações, de algumas questões dentro da grande questão (a Antropofagia). Retornando, menos como um detetive do que como um cúmplice, inúmeras vezes à cena do (único) crime e, portanto, da (única) lei do mundo (e aqui cabe lembrar, ao lado do famoso aforismo do "Manifesto Antropófago", o brevíssimo verbete dedicado a Pedro Álvares Cabral no *Dicionário de bolso*: "O culpado de tudo"), espero ter encontrado ainda alguma novidade a comunicar. Algumas *notícias*.

Experimento e experiência

De todos os escritores do modernismo brasileiro, Oswald de Andrade foi o mais radicalmente experimental. Com companheiros de primeira hora modernista como Manuel Bandeira e Mário de Andrade — o primeiro um pouco mais velho, o segundo um pouco mais novo —, compartilhou a imensa tarefa de inventar uma modernidade literária afirmativa (modernidade, antes de tudo, como *desejo de ser moderno*, ainda que não se soubesse, ou precisamente porque não se sabia, o que significava ser moderno) num quadro cultural ainda dominado, tanto no plano institucional quanto no gosto do público, por remanescências de orientações artísticas das últimas décadas do século XIX: romantismo, parnasianismo, simbolismo, naturalismo... Trabalhavam, em larga proporção, a partir dessas mesmas remanescências, que constituíam, por assim dizer, seu repertório de base (eram, afinal, homens de seu tempo, por mais que sonhassem com a emergência de outra temporalidade), combinando-as com informações mais ou menos atualizadas, mas inevitavelmente fragmentárias, provenientes da Europa, nas quais as novidades disruptivas das vanguardas muitas vezes não se distinguiam com clareza das persistências bem mais acomodatícias das escritas finisseculares ou decadentistas.

Bandeira — que, ao contrário de Mário e Oswald, foi fundamentalmente poeta — conservaria ao longo de toda sua obra a memória vívida das poéticas ancestrais que conhecia como poucos. "O verso verdadeiramente livre", escreve em *Itinerário de Pasárgada*, "foi para mim uma conquista difícil." Só lentamente, admite, corrigiu "o hábito do ritmo metrificado, da construção redonda" que lhe era congenial. No entanto, como ele mesmo observa, vários de seus versos livres "ainda acusam o sentimento da medida", permitindo o flagrante de "uma como saudade a repontar aqui e ali".[1] É, aliás, a partir do consciente esforço para controlar essa saudade do metro que chegará a uma das conquistas formais mais características de sua obra, a alternância num mesmo poema de versos muito breves e versos muito longos, alguns deles indiscerníveis de uma linha de prosa que aspira, por vezes, a um fôlego quase infinito. (Em contraste, dizia Oswald de sua poesia: "Eu nunca fui capaz de contar sílabas. A métrica era coisa a que minha inteligência não se adaptava, uma subordinação a que me recusava terminantemente".)[2] Mário — que, como Oswald, espraiou sua escrita pelos mais variados gêneros e formas, assim como pelos mais diversos campos do saber (difícil imaginar um tema que não tenha estudado), não se limitando, também como Oswald, aos restritos domínios da literatura — construiu uma obra inegavelmente menos apegada aos modelos do passado do que a de Bandeira (o que, assinale-se, não implica nenhum juízo de valor). No entanto, se comparamos as suas realizações às de Oswald, elas logo se revelam muito mais convencionais, muito mais submissas às expectativas públicas e institucionais acerca da literatura, acerca do papel e do lugar do escritor, do intelectual.

Em Oswald de Andrade, experimento (artístico) e experiência (vital) jamais se separam. Sua obra é atravessada pela mesma inquietude permanente que atravessa sua vida, e não por acaso esta alimenta aquela constantemente, fornecendo-lhe personagens e situações (o que fica mais evidente em seus romances) e induzindo a bruscas mudanças de perspectiva (o que se verifica de modo exemplar no prefácio acerbamente autocrítico de *Serafim Ponte Grande*, onde o Oswald comunista dos anos 1930 desaprova o Oswald vanguardista dos anos 1920, e vice-versa na tese *A crise da filosofia messiânica*, onde denuncia, com base nos pressupostos antropofágicos, o teor messiânico do marxismo e sua rendição à "economia do Haver" característica do Patriarcado[3]). É infrutífero tentar datar com precisão o momento inaugural de sua trajetória literária. 1911, quando funda o semanário satírico *O Pirralho*? 1916, quando publica, com Guilherme de Almeida, duas peças teatrais escritas em francês, *Mon Coeur balance* e *Leur Âme*? 1922, quando lê no Teatro Municipal de São Paulo, dentro da programação da hoje mítica Semana de Arte Moderna, trechos de seu romance *Os condenados*? Ou melhor seria eleger o triênio de 1923 a 1925, quando, deixando para trás — e, por vezes, convertendo em objeto de paródia — o estilo decadentista dos textos anteriores, dá por compostos e publica seus dois primeiros livros marcadamente vanguardistas, o romance *Memórias sentimentais de João Miramar* e a coleção de poemas *Pau Brasil*? Como ocorre com todo artista verdadeiramente experimental, Oswald oferece em sua obra algo como uma incessante reproposição da origem: cada texto parece produzir um novo momento originário, cada poema, romance, peça ou ensaio parece cifrar menos uma mera mudança de rumo que todo um novo percurso por trilhar, toda uma nova aventura. Daí que a crítica menos afim, sinceramente incompreensiva ou meramente hostil, o tenha acusado, com alguma frequência, de realização malograda ou mesmo de irrealização.[4] Daí também o clichê pseudocrítico segundo o qual Oswald, sobretudo em confronto com o erudito Mário de Andrade, era mais um homem de *intuição* do que um homem de *estudo* (como se tal dicotomia tivesse algum sentido onde o experimento, mescla inextricável de arroubo e pesquisa, é o método). Talvez mereça ser recordada a resposta irônica de Décio Pignatari a tais críticos: "Pecado maior que os literatos atribuíam a Oswald: era um homem que 'não lia'. Ainda bem! Lema de Paul Valéry para uma biblioteca: '*Plus élire que lire*'".⁵ Se a aceleração *crítica* da história define o ímpeto modernista mais profundo, que é afirmativo sem ser apologético, mostra-se mais decisivo determinar os elementos relevantes para a criação e a reflexão necessárias à atualidade (*élire*, "eleger") do que tentar inutilmente abarcar o mundo e a eternidade através dos filtros inevitavelmente distanciadores que são os livros (*lire*, "ler"). Questão de tática.

O motor íntimo da experimentalidade de Oswald parece ter sido o esforço constante para se libertar dos preconceitos e recalques de uma educação católica e conservadora no seio da elite paulista (que ele relembra em suas memórias, as quais ficaram reduzidas, pela morte, ao primeiro volume, edipianamente intitulado *Sob as ordens de mamãe*). Seu definitivo salto intelectual está em ter compreendido que a estrutura repressiva em que se formara não era exclusividade de sua família nem do seu imediato ambiente circundante, mas se confundia com a própria história da civilização ocidental, que, na grande narrativa histórico-filosófica que passa a embasar os instantes mais significativos de sua obra, é a história da substituição do Matriarcado originário — sociedade sem classes, sem separações — pelo Patriarcado até agora vigente. Dialética que, de um ponto de vista militante, comporta a utopia de um terceiro momento sintético de constituição de um novo Matriarcado por meio do desenvolvimento da técnica, que supostamente nos libertaria da escravidão do trabalho e nos destinaria a uma nova "Idade do Ócio" — e note-se que a "partilha do ócio" era, para Oswald, a questão política central.⁶

Mas só a técnica não basta. Em *A crise da filosofia messiânica*, tese universitária de 1950 em que retoma e busca dar consistência filosófica aos temas propostos fulgurantemente na escrita fragmentária do "Manifesto Antropófago" de 1928,

Oswald, quase no encerramento de sua trajetória (morreria quatro anos depois, em 1954), deixa clara a natureza da insistente pesquisa que conjuga seus textos propriamente literários a seus textos, digamos, ensaísticos ou, em sentido amplo, teóricos: "Será preciso criar uma Errática, uma ciência do vestígio errático, para se reconstituir essa vaga Idade de Ouro, onde fulge o tema central do Matriarcado".[7] É essa Errática, com seu inventário das imagens de liberdade inscritas nas prisões do presente — nas prisões das atitudes convencionais, dos sonhos aceitáveis, da arte apaziguada, da língua padronizada —, que vemos em ação nos poemas de *Pau Brasil* e do *Primeiro caderno do aluno de poesia Oswald de Andrade*, nos episódios de *Memórias sentimentais de João Miramar* e *Serafim Ponte Grande* e nas ações das três peças políticas da década de 1930, *O rei da vela*, *O homem e o cavalo* e *A morta*. O outro nome dessa "ciência do vestígio errático" é Antropofagia, que por muito tempo continuará a ser o grande presente de Oswald para o pensamento contemporâneo.

Antropofagia como máquina de guerra

Sem desmerecer tudo mais que há de precioso na obra múltipla de Oswald de Andrade, pode-se afirmar que suas realizações mais importantes se deixam agrupar sob a noção de Antropofagia. É interessante verificar, nos seus textos anteriores a 1928, ano de publicação do "Manifesto Antropófago", o quanto já há de Antropofagia implícita — e até explícita: deslocações do olhar, descentramentos ou desdobramentos do ser. Nos poemas de *Pau-Brasil* já se ouve uma voz excêntrica e dialética que se situa entre o descobridor e o selvagem, entre o estrangeiro e o nativo, jamais se reduzindo a um dos polos, colocando em questão a própria polarização, escapando a qualquer identidade estável; nos do *Primeiro caderno do aluno de poesia Oswald de Andrade*, assiste-se a uma combinação das experiências da criança e do adulto, do infante (aquele que não fala ou que, ao falar, insiste na zona muda ou, melhor, balbuciante da emergência da palavra) e do poeta (aquele que só existe pela e na palavra). Acredito, portanto, que uma leitura atual da obra oswaldiana deva, antes de tudo, chamar a atenção para a originalidade e a atualidade da Antropofagia, que, longe de se resumir ao manifesto, se dissemina — contemporânea, prospectiva e mesmo retrospectivamente — por vários outros textos (inclusive de outros autores, como Tarsila do Amaral, Mário de Andrade, Raul Bopp, Flávio de Carvalho e também Vicente do Rego Monteiro, Murilo Mendes, Carlos Drummond de Andrade...), até culminar na tese *A crise da filosofia messiânica*, de 1950.

Como bem disse Augusto de Campos, num ensaio de 1975, a Antropofagia é nada menos que a "única filosofia original brasileira".[1] Mais do que uma teoria estrita e restritamente literária ou artística, o que temos ali, desde o início, é uma verdadeira e inovadora *ontologia política*: ou seja, uma teoria do *ser*, que não é mais concebido a partir do que lhe seria supostamente próprio, mas, sim, a partir daquilo que ele consegue absorver e transformar. "Só me interessa o que não é meu", resume Oswald no "Manifesto Antropófago".[2] "Nada existe fora da Devoração. O ser é a Devoração pura e eterna", propõe, quase duas décadas depois, na "Mensagem ao antropófago desconhecido", de 1946.[3] Abalam-se, neste lance de gênio, todas as noções de *próprio* e de *propriedade*, que são fundamentais para o modo ocidental de pensar — e de agir e deixar de agir, de governar e ser governado etc. Com a Antropofagia, Oswald nos oferece uma potente "máquina de guerra" — o vocabulário deleuziano-guattariano é preciso — com a qual enfrentar o poderoso "aparelho de Estado" cuja função é imobilizar e neutralizar toda forma de vitalidade política.[4]

Décio Pignatari foi quem melhor entreviu essa característica *guerreira* da obra oswaldiana, ao reivindicá-la como uma das fontes principais de sua "Teoria da guerrilha artística":

> Nada mais parecido com uma constelação do que a guerrilha, que exige, por sua dinâmica, uma estrutura aberta de informação plena, onde tudo parece reger-se por coordenação (a própria consciência totalizante em ação) e nada por subordinação. Em relação à guerra clássica, linear, a guerrilha é uma estrutura móvel operando dentro de uma estrutura rígida, hierarquizada. Nas guerrilhas, a guerra se inventa a cada passo e a cada combate num total descaso pelas categorias e valores estratégicos e táticos já estabelecidos. Sua força reside na simultaneidade das ações.

> Abrem-se e fecham-se frontes de uma hora para outra. [...] Nas guerrilhas, as tropas, se de tropas se pode falar, não tomam posição para o combate; elas estão sempre em posição, onde quer que estejam. [...] Só a guerrilha é de fato total (excluindo a [guerra] atômica...). Constelação de liberdade sempre se formando.[5]

Da atuação desse "guerrilheiro da idade industrial" que foi Oswald, é significativo que, no seu texto, Pignatari destaque uma iniciativa malograda, que, porém, no seu malogro mesmo, parece dirigir-se, mais até do que alguns esforços bem-sucedidos, ao futuro; não por acaso, uma iniciativa que lhe chega em forma de rumor e possibilidade:

> Já na década de 40, creio, Oswald de Andrade desejou lançar no Rio de Janeiro um novo projeto ou movimento artístico, que se denominaria algo assim como "Projeto Zumbi", pelo qual propunha uma espécie de frente ampla dos artistas modernos, no sentido de organizarem uma resistência sistemática — até o último homem — a todas as tentativas de institucionalização (absorção) da arte moderna. Segundo me informou Pompeu de Souza, que ficou encarregado da redação final do "Manifesto Zumbi" (não sabemos se foi sequer publicado) e que serviu de mediador nas tratativas, a frente ampla não pôde ser formada porque os intelectuais solicitados a julgaram uma manobra de Oswald para se reaproximar e fazer as pazes com Mário de Andrade (já bem-composto com o sistema, diga-se de passagem). De outra parte, sabe-se que Murilo Mendes respondeu a "Zumbi" com uma blague: "Seria mais revolucionário fundar novamente a Academia Brasileira de Letras". No entanto, a proposta de Oswald era historicamente correta e trazia no seu bojo a possibilidade de

uma verdadeira "revolução cultural", destinada a impedir a sedimentação e a diluição das conquistas de 22 e a desentorpecer os seus membros. O "Projeto Zumbi" se insere no processo geral da vanguarda, deflagrado no século passado sob a pressão da Revolução Industrial, processo esse que vem estabelecendo um desenvolvimento marginal da arte em relação ao sistema artístico estabelecido e em oposição a ele. Sua estrutura dinâmica só é significante dentro de uma visada sincrônica e não diacrônica, ou seja, simultânea e não cronológica.[6]

É essa vitória da simultaneidade sobre a cronologia que convida Pignatari a um vaticínio sobre a vingança triunfal das ideias e práticas oswaldianas por meio do teatro, e mais exatamente do contraste entre o Oficina e o Arena, que estreara em 1965 o espetáculo *Arena conta Zumbi*: "Mas, por ora, se alguém conta ninguém canta esse Zumbi. Cantarão, porém: *A massa ainda comerá do biscoito fino que fabrico* (O. Andrade). A sua peça *O rei da vela* será montada por José Celso [Martinez] Corrêa, em agosto próximo, para espanto e escarmento de todos os lineares teatrais".[7]

Porém, antes de Zumbi, coube à Antropofagia, nas palavras de Oswald, "salv[ar] o sentido do modernismo".[8] Apoiando-se numa compreensão aguda do que estava em jogo na antropofagia indígena (o que ele chamou de "absorção do inimigo sacro" e "transfiguração do tabu em totem"), abriu para nós, seus pósteros, ou contemporâneos anacrônicos, algo como a possibilidade de um *pensamento pós-ocidental*, que ao contrário, por exemplo, do dadaísmo (outra posição teórica, mais do que apenas uma tendência artística, tão fundamental quanto a Antropofagia e tão próxima dela em alguns aspectos, e da qual até hoje também não se extraíram todas as consequências filosóficas), não quis simplesmente fazer tábula rasa do patrimônio cultural que, para o bem e para o mal, vincula América e Europa, mas, sim, estabelecer uma angulação que nos permitisse lidar de maneira renovada com esse patrimônio. Fazendo-nos ver, antes de tudo, que os próprios europeus podem ser tão antropófagos quanto os habitantes da América. Lembremos que Oswald constata: "Sem nós a Europa não teria sequer a sua pobre declaração dos direitos do homem".[9]

Menos do que uma posição nacionalista, como poderia sugerir a reivindicação baseada no *nós*, o que temos aí é a postulação da América como lugar de deslocamento, como território de desapropriação. Já dizia Dante Alighieri, que situou a montanha do Purgatório na região onde um século e meio depois Colombo encontraria o novo continente, que *"de la nova terra un turbo nacque"*: "da nova terra um turbilhão nasceu". A política antropófaga de Oswald ameaça a catastrófica estabilidade do mundo — do mundo "datado" e "rubricado"[10] — com a força renovadora desse turbilhão.

Diante da lei — da gramática — da história

> *Não sou eu que rimo. É a poesia que vem no infinito dos verbos, no gerúndio, no pronome. Minha sacola é pobre. Tenho a ignorância dos cancioneiros e meus recursos não vão além dos da Gaya Scienza. Sou um homem da aurora.*
>
> Oswald de Andrade, "Poesia e artes de guerra" (1943)

> *O que haverá atrás de uma porta? [...] Pode ser a girafa, o oficial de justiça, a metralhadora, a poesia!*
>
> Oswald de Andrade, *A morta* (1937)

Todos conhecemos a parábola "Diante da lei", que Kafka publicou como conto em *Um médico rural* (1919) e que também deixou como parte do romance *O processo* (publicado postumamente em 1925). É um daqueles textos que parecem existir desde sempre, como que sem autor (no entanto todos sabemos que é de Kafka) e sem significado primeiro ou último, porque dão a impressão de guardar uma sabedoria que, contudo, resiste à transmissão e à interpretação. As linhas iniciais do texto sintetizam o seu clima geral:

> Diante da lei está um porteiro. Um homem do campo chega a esse porteiro e pede para entrar na lei. Mas o porteiro diz que agora não pode permitir-lhe a entrada. O homem do campo reflete e depois pergunta se então não pode entrar mais tarde.
> — É possível — diz o porteiro. — Mas agora não.

Uma vez que a porta da lei continua como sempre aberta e o porteiro se põe de lado, o homem se inclina para olhar o interior através da porta. Quando nota isso o porteiro ri e diz:

— Se o atrai tanto, tente entrar apesar da minha proibição. Mas veja bem: eu sou poderoso. E sou apenas o último dos porteiros. De sala para sala porém existem porteiros cada um mais poderoso que o outro. Nem mesmo eu posso suportar a simples visão do terceiro.[1]

A partir desse ponto, o que temos é o relato da espera do camponês pelo momento em que a entrada na lei lhe seria permitida, mas também dos seus insistentes pedidos dirigidos ao guarda, dos interrogatórios inúteis a que este lhe submete, do seu envelhecimento diante da porta da lei e do guarda que impede o seu ingresso, da passagem da voz alta com que bradava sua indignação nos primeiros tempos para os resmungos dos últimos anos. No entanto, diz o narrador que, precisamente porque envelhece e se aproxima da morte, o camponês se torna "infantil". Signo dessa infantilidade senil — o exato contrário de um *puer senex* — é que, tendo "estuda[do] o porteiro anos a fio" e "conhecendo até as pulgas da sua gola de pele", ele peça "a estas que o ajudem a fazê-lo mudar de opinião".[2] (Acredito que esse detalhe da narrativa kafkiana pode nos ajudar a compreender de modo um pouco diferente do usual o apelo de tantos artistas modernistas à infância, passando pelo autor do *Primeiro caderno do aluno de poesia Oswald de Andrade*. Temos aí menos um retorno à origem da linguagem e do sujeito do que uma figuração da desmontagem linguística e vital que resta para quem experimenta a maturidade como um esgotamento e, no limite, como uma morte. Essa desmontagem pode ser vivida com desespero ou, como ocorre com o dadaísmo e com Oswald, com alegria — mas uma alegria sempre algo trágica. Vale notar que, com essa nova infância, é também — na falta de melhor palavra — um *animismo* liminar que se experimenta; daí a tentativa de se comunicar com o porteiro por intermédio das pulgas de sua gola de pele: um animismo que, porém, passa pela aderência do humano às figuras do não humano, sobretudo às mais chãs — como ocorre com o inseto de *A metamorfose*.)

O final da parábola de Kafka é conhecido: antes de morrer, o homem do campo faz uma última pergunta ao porteiro: "Todos aspiram à lei — diz o homem. — Como se explica que em tantos anos ninguém além de mim pediu para entrar?". A resposta, que o porteiro precisa gritar por conta da audição declinante do moribundo, é: "Aqui ninguém mais podia ser admitido, pois esta entrada estava destinada só a você. Agora eu vou embora e fecho-a".[3] Haveria poucas imagens tão eloquentes como esta do arbítrio inerente à ideia de lei se o mesmo Kafka não tivesse dedicado todo um romance — *O processo* — à figuração da arbitrariedade brutal do sistema judiciário. Em alguma medida, na imagem dessa porta que se fecha in extremis para aquele que passou a vida diante da lei torturado pela impossibilidade de nela ingressar, já está inscrita a faca que, ao final do romance, matará Josef K. "como um cão".[4]

Alexandre Nodari, num ensaio decisivo para a compreensão da obra de Oswald de Andrade, demonstrou como é central, no seu pensamento, a ideia de *lei*.[5] O ponto de partida de Nodari é o início do "Manifesto Antropófago", onde a Antropofagia é apresentada como a "Única lei do mundo".[6] O conteúdo dessa lei, como nota Nodari, se reduz a um único preceito — "Só me interessa o que não é meu" — que parece existir sobretudo na indefinição entre universal ("Lei do homem") e particular ("Lei do antropófago") e que parece ter a forma, ainda segundo o mesmo crítico, de uma "sanção legal do ilegal" ou ainda de "uma lei que abole a lei" (semelhante àquela que encontraríamos na fórmula paradoxal de Maio de 68: "É proibido proibir"). Porém, a partir do "Manifesto Antropófago", Nodari mostra como o "Direito Antropofágico" (expressão ausente no "Manifesto", mas recorrente na *Revista de Antropofagia*) atravessa, no seu enigma mesmo, a obra de Oswald e transforma muito dela — a começar pelo próprio "Manifesto" — numa espécie de "longo comentário ao Direito que preceitua".[7] Estamos, ao mesmo tempo, diante de uma lei — a lei da Antropofagia — que "já" estaria "em vigor" e que "rege[ria] a história humana" e de "uma norma programática, uma utopia a ser realizada *contra o status quo*"; estamos diante de "uma lei primitiva que cabe resgatar", mas também de uma lei ainda vindoura, que se deixará comunicar pelos meios e artes então mais modernos (o cinema, sobretudo).

Para Nodari, a melhor solução diante desses aparentes dilemas propiciados pela enunciação antropófaga é não ver aí nem "uma estrutura paradoxal" (por mais que a Antropofagia esteja repleta de paradoxos), nem "a necessidade de uma opção binária". A "temporalidade" desse "mundo não datado" de que fala Oswald (e que não é o mesmo que um mundo sem história, como frisa o crítico) nos leva à conclusão de que, nessa obra, "o recurso ao passado é sempre também uma redefinição do presente" e que, "na definição do que seja um particular (o 'antropófago'), está em jogo o universal" (o "homem"). Não por acaso, diz ainda Nodari, o "Direito Antropofágico" é definido por Oswald como um "direito sonâmbulo": "[...] aquilo que Oswald vê no passado — e advoga para o presente — não são outros preceitos, não é uma lei com outros conteúdos, mas uma lei com outra aplicabilidade, ou melhor, ausente de aplicação: um direito diferente daquele que está sempre em estado de vigília e que precisa ser aplicado ainda que esteja vendado".

À luz disso, Nodari propõe que vejamos o aforismo inicial do "Manifesto Antropófago" como "a enunciação de uma lei que já rege na medida em que não é cumprida". Recordando a sentença seguinte segundo a qual "Sem nós a Europa não teria sequer a sua pobre declaração dos direitos do homem", Nodari observa que os "direitos humanos" são antes de tudo "direitos negativos", isto é, "'garantias' do indivíduo diante do Estado-nação, do qual, segundo a própria Declaração, emana a lei — ou seja, eles dão o direito a não-aplicabilidade do direito, eles garantem que nem toda lei seja aplicada". Se a declaração dos direitos do homem é dita "pobre", isso não ocorre "por lhe faltar preceitos a serem aplicados, mas por deter só pontualmente a aplicação da lei".[8]

Talvez seja o caso de retornarmos a uma das epígrafes de que partimos, uma fala extraída da peça *A morta*: "O que haverá atrás de uma porta? [...] Pode ser a girafa, o oficial de justiça, a metralhadora, a poesia!".[9] Oswald de Andrade parece compartilhar com Kafka a noção de que estar "diante da lei" é sempre estar diante da exceção, o que se faz perceber pela equivalência traçada entre "o oficial de justiça" e "a metralhadora". Mas também estão aí "a girafa" e "a poesia", numa combinação de elementos heteróclitos que poderia ser interpretada como próxima do surrealismo, mas que talvez seja, sobretudo, um modo de ver inscritas, na série significante da lei, a *vida* na sua selvageria mesma (a vida *animal* e longínqua, com um oceano de permeio) e também a *arte* (em sua selvageria reinventada, em sua vida ficcionada). E especialmente, por meio da figura da porta, o que Oswald parece sugerir é a existência disso tudo — vida, arte, lei — em estado de iminência ou suspensão, o que é também dizer: em situação de esperança ou ameaça.

"Toda legislação é perigosa", escreve Oswald na *Revista de Antropofagia*, sob o pseudônimo Freuderico.[10] E talvez seja precisamente por perceber o perigo da legislação, que menos paira sobre o mundo do que o perpassa — penetrando, atravessando, impregnando todos os âmbitos —, que Oswald, ao longo de sua trajetória intelectual, pareça tão interessado em descobrir, no interior da própria lei, os artifícios que nos permitam dela escapar, ainda que, para isso, seja preciso revelar, antes de tudo, toda a extensão dessa captura da vida pela lei, o que passa, como vimos, pela proposição de *uma outra lei* — um *outro Direito* — que seria o fundo secreto das legislações que efetivamente regulam o funcionamento do mundo, ao mesmo tempo que é uma antilegislação capaz de revelar a vacuidade e sobretudo a violência da arquitetura jurídica dominante. No "Esquema ao Tristão de Ataíde", texto no qual Alexandre Nodari reconhece "a formulação mais detalhada do Direito Antropofágico",[11] lê-se: "[...] o que para mim estraga o Ocidente é a placenta jurídica em que se envolve o homem desde o ato de amor que, aliás, nada tem que ver com a concepção".[12] Podemos dizer que a anexação forçosa do "ato de amor" à "concepção" é ela mesma já uma forma de limitação da vida à esfera jurídica, antes mesmo que qualquer lei escrita venha regrar o que aí simplesmente acontece (na lei, nada mais *simplesmente acontece*: todo "ato", a rigor, tem aí consequências e abre a possibilidade de sanção ou veto, perdão ou punição).

Não por acaso, outra fórmula fundamental do "Direito Antropofágico" é aquela da "posse contra a propriedade". Conforme Nodari já assinalou: "A posse talvez seja o instituto jurídico mais difícil de definir (se é que realmente se trata de um instituto jurídico)".[13] E ainda: "Definir juridicamente a posse implica distinguir o momento em que o direito toca a vida"; ou: "A posse é a última fronteira do Direito, ali onde ele ameaça se confundir com a vida".[14] Com base no jurista Pontes de Miranda, que integrou o grupo dos antropófagos, Nodari continua sua reflexão:

Aquele que tem posse estaria num "estado de fato", não-jurídico, em que teria o poder de agir *como se* fosse proprietário. [...] A posse é um fato, mas um fato particular, já que só pode ser definida a partir de um direito: "um poder *como* o que exerceria quem fosse proprietário", ou seja, uma ficção. [...] O fato da posse se caracteriza a partir de um instituto jurídico (a propriedade) que pode não estar em ato, que é potencial, podendo inclusive estar ausente. Ao fim e ao cabo, a posse é a aparência de um direito, é uma propriedade ficcional que só é, de fato, um direito na presença de um título, o título de propriedade, ou seja, na medida em que se aceita a ficção como verdadeira, ou melhor, na medida em que seja uma ficção autorizada. Para o Direito, não há dicotomia entre verdade e ficção, mas entre ficção autorizada e ficção não-autorizada.[15]

Daí que o grande exemplo inicial da Antropofagia oswaldiana, no que diz respeito ao Direito, se encontre na noção de *grilo*, isto é, na fabricação de documentos falsos que justifiquem a posse da terra, ficção material sobreposta à ficção narrativo-documental (dito *grilo* por conta da prática fraudulenta — mas não por isso menos produtora de legalidade — de deixar os documentos recém-fabricados no interior de uma gaveta com grilos, de modo que os insetos se alimentassem dos papéis e lhes conferissem aparência de antigos).[16] Não haveria colonização — isto é, não haveria Brasil — sem essa prática duplamente ficcional: "O Brasil é um grilo de seis milhões de quilômetros talhado em Tordesilhas".[17]

Neste momento, podemos nos deslocar para a seção inicial de *Pau-Brasil*, que se intitula "História do Brasil".[18] Nela, Oswald não apenas se apossa de alguns dos primeiros documentos da terra — sendo o primeiro a carta de achamento redigida por

Caminha — para construir seus poemas *ready-made*; ao fazê-lo, seja pelo recorte dos versos, seja pelo próprio contexto em que o novo poema se insere, acentua o caráter ficcional dos textos de partida. Deixa evidente que, naqueles textos, tudo consistia em produzir uma imagem da terra que trabalhasse pela sua posse e ocupação. Mas, ao se apossar desses textos (porque a posse é, a rigor, um movimento perpétuo de deslocamento entre sujeitos, que, em tese, não deveria ter ponto final: a ideia de posse definitiva é não menos que oximórica), ele mesmo constrói contradocumentos que vão na direção contrária da conquista e que, portanto, desenham para a terra um destino diferente daquele que os primeiros documentos haviam traçado, embora esse destino diferente esteja em alguma medida já inscrito — ou os poemas não seriam possíveis — naqueles documentos. Um contradocumento nasce de uma contraleitura que se faz contraescritura — Walter Benjamin diria: "escovar a história a contrapelo".[19]

Se a reflexão sobre o Direito e a lei parece começar, em Oswald de Andrade, por uma reflexão sobre a colonização, logo ela se faz também reflexão sobre as arbitrariedades do presente. É neste sentido de uma amplitude histórica e meta-histórica que se deve compreender a frase célebre do personagem Machado Penumbra no texto "À guisa de prefácio" das *Memórias sentimentais de João Miramar*: "O Brasil, desde a idade trevosa das capitanias, vive em estado de sítio. Somos feudais, somos fascistas, somos justiçadores".[20] É o "estado de sítio" — a persistência do feudalismo, a presença do fascismo, a insistência dos justiçamentos (que, em situações de exceção, não se diferenciam da justiça) — que comunica passado e presente do país. E, se nada for feito, também o futuro dará continuidade à história assim resumida. Mas o que fazer no âmbito das artes e mais especificamente da literatura, e mais especificamente ainda no campo da poesia?

Não foram poucas, nem pouco ambiciosas, as tarefas que Oswald de Andrade delegou à sua poesia. Para que essas tarefas se cumprissem, precisou deixar de lado a maioria das convenções que, até então, tinham servido para definir a arte poética, e mesmo algumas das novas convenções que surgiam com o modernismo. Em suma, Oswald percebeu que, para que sua poesia se constituísse, a um só tempo, como poesia *e como algo mais que poesia* ("uma literatura e uma arte e mesmo uma política e uma educação"[21]), era necessário, antes de tudo, negar a própria ideia de poesia tal como esta se deixava formular nas primeiras décadas do século XX. Negação que, por certo, era também uma afirmação, a afirmação de um abalo e, mais que isso, de um *deslocamento*, que punha em questão o lugar que a poesia ocupava, naquele momento, na organização da cultura e na hierarquia do pensamento — não só no Brasil, mas no Ocidente. Aliás, o alvo central dessa operação crítica que Oswald buscou realizar por meio de sua poesia era a própria estrutura da relação econômica, política e cultural entre o Brasil e o Ocidente; a "Poesia Pau-Brasil", ao se propor estancar os fluxos "naturais" do colonialismo persistente, que faziam dos brasileiros exportadores de matérias-primas e importadores de produtos acabados, não apenas constatava que "houve um fenômeno de democratização estética nas cinco partes sábias do mundo", mas tencionava se inserir nessa democratização como "primeira construção brasileira no movimento de reconstrução geral".[22] A despeito da prevalência da abordagem cômica na obra oswaldiana, é subjacente a ela uma concepção da literatura (nas palavras do próprio Oswald) "não [como] meio venal de vida e sim [como] um apostolado".[23]

No entanto, esse apostolado poético por meio da negação predominantemente cômica fez com que muitos críticos encarassem a obra de Oswald, sobretudo a sua poesia, com desconfiança, ou franca desvalorização. Desde o início, o poeta satirizou tais adversários. Num breve ensaio escrito a partir do "Cântico dos cânticos para flauta e violão", Oswald presume um personagem — um "homem de bigodes ruivos" (depois, "homem grave", "homem severo") — que o interpela, repreensivo: "Você rima com o pretérito perfeito!". "De fato" — pondera Oswald — "eu havia, sem perceber, cometido mais esse crime contra a carta poética do passado."[24] Esse "crime", confessado assim, com ironia, num diálogo imaginário com um crítico, dá bem a medida do que estava em questão na poesia de Oswald naquele momento — mas, em alguma medida, também ao longo de toda sua trajetória. Tratava-se precisamente de postular uma poesia *fora da lei* vigente como efeito da tradição: fora da "carta poética do passado". A poesia é aí concebida como *máquina de guerra*,[25] conforme deixará explícito, no mesmo texto, o próprio poeta: "É poesia de transição, poesia de guerra, poesia carro de assalto".[26] O vocabulário, cuja atualidade evidente era a da Segunda Guerra Mundial (o poema é de 1942, o ensaio de 1943), vale também — transpostamente — para outras épocas de sua obra.

Essa máquina de guerra que é a poesia oswaldiana atua quase sempre por círculos cada vez mais abrangentes. Nesse sentido, para se compreender o alcance da obra de Oswald, é preciso fazer um trajeto contrário àquele percorrido por tantos de seus leitores (de Antonio Candido aos poetas concretos, para ficarmos em dois — apenas aparentes — extremos do espectro crítico), que costumam ver a Antropofagia como uma espécie de nova versão de Pau-Brasil, ou seja, costumam interpretar os postulados antropofágicos em termos de uma simples inversão da balança comercial das colônias: exportadoras de matéria-prima e importadoras de produtos, transformariam os produtos metropolitanos em novas matérias-primas e, a partir do seu reprocessamento, dariam ao mundo novos produtos marcados pela originalidade da situação pós-colonial.

A questão parece, porém, ser um pouco mais complexa. Se relemos o "Manifesto Antropófago" ou qualquer outro texto oswaldiano sobre a Antropofagia, dos primeiros aos últimos, impressiona a falta de referências a esse jogo de importação-exportação que obsedou a crítica, muitas vezes nos termos ainda mais errôneos de uma ingestão do corpo cultural estrangeiro para a formação de um corpo nacional (com direito ainda, em algumas dessas descrições, à expulsão do produto nacional em forma de vômito). Pelo contrário, o que chama a atenção no "Manifesto Antropófago" é tanto a eliminação do nacional como horizonte do pensamento e da ação — na contramão dos modernismos nacionalistas, o "Brasil" aparece como sinédoque do Novo Mundo — quanto a ideia de uma pressuposição do selvagem-próximo nas formas da civilização-distante, que é bem resumida pela fórmula "Já tínhamos" em frases como "Já tínhamos o comunismo. Já tínhamos a língua surrealista. A idade de ouro", ou ainda na bravata — de resto, verdadeira — de que "Sem nós a Europa não teria sequer a sua pobre declaração dos direitos do homem".[27]

Em considerações como essas, Oswald propõe que, na origem das relações entre o Novo e o Velho Mundo, já estava a importação, pelo Velho, dos mais altos produtos — e não apenas matérias brutas — da humanidade, aqueles que eram exemplares de um momento pré-histórico, isto é, à parte da cronologia ocidental, em que a lei e a liberdade não eram antitéticas: "Contra as histórias do homem, que começam no cabo Finisterra. O mundo não datado. Não rubricado".[28] Mas, sobretudo, estava presente aí a noção de que esses altos produtos das civilizações indígenas, que eram resultantes de toda uma lógica política e cultural irredutível aos termos do Ocidente, prescindiam do contato com o Velho Mundo e haviam sido mesmo destruídos, ao menos em parte, nesse contato. E dado que muitas vezes sobreviveram, ainda que residualmente, e que, portanto, continuavam, e continuam, a ser destruídos, esta é a história não só da colonização propriamente dita, com a relação entre metrópole e colônia, mas continua sendo a história da nação, nova metrópole feita autóctone, em sua oposição constante a todas as realidades políticas menores: os inúmeros "povos" e "nações" que não cabem na unificação nacional. A Antropofagia não é um nacionalismo porque o antropófago originário — o índio tupinambá, como, de resto, qualquer outro índio — nunca foi um brasileiro: é algo menos e mais que um "cidadão" do Brasil; como bem disse Eduardo Viveiros de Castro, é um "involuntário da pátria".[29]

O que interessa a Oswald, nesse momento já em alguma medida tardio de sua obra (e que ganhará seu pleno desenvolvimento filosófico, a partir das construções poético-aforismáticas iniciais, ao longo das últimas duas décadas e meia de sua trajetória), parece ser algo que Jacques Derrida, em suas reflexões sobre a língua a partir da relação entre a Argélia, onde nasceu, e a França, onde passaria a viver, caracteriza como "a estrutura colonial de toda a cultura".[30] Diz o filósofo: "Toda a cultura é originariamente colonial".[31] Derrida frisa que, como judeu francês nascido na Argélia árabe e depois de lá transportado para a França, experimentou os dois lados dessa situação colonial, numa dupla perspectiva que acaba por ser também aquela de todo intelectual ou, mais exatamente, de todo escritor que se criou em situação colonial ou mesmo pós-colonial. Se dermos crédito à generalização proposta por Derrida, é a situação de todo letrado: condenado, digamos assim, de modo dramático, a proferir ou grafar sempre uma palavra dúplice, que é ao mesmo tempo trabalho da conquista e arte da contraconquista, que é ao mesmo tempo lei e rebelião, pedagogia a serviço da metrópole ou da nação e poesia a serviço dos "povos".

Oswald não adota jamais uma estratégia estritamente nacionalista diante da língua, como por vezes podemos observar em Mário de Andrade, seja na própria escrita deste com suas idiossincrasias quase dialetais, seja com propostas como a da *Gramatiquinha*. Se Mário aspira a uma gramaticalização da fala — e, portanto, à descoberta e instauração de uma nova lei —, Oswald opta por se situar fora da lei, isto é, idealmente (e digo idealmente porque nenhuma verdadeira agramaticalidade existe) fora da gramática. Toma partido, abertamente, pelo *erro* — por exemplo, num poema como "Erro de português" ou numa fórmula como "A contribuição milionária de todos os erros".[32]

Para Oswald, a lei começa pela gramática e esta se confunde com a metafísica. Numa entrevista de 1950, argumenta que "o índio [...] não podia ser, mesmo que quisesse, criatura metafísica" (acrescenta o entrevistador: "a metafísica, para Oswald, estragava todas as almas"):

— Por que não podia ser metafísico?
— Porque não sabia gramática.
— Que tem que ver a gramática com isso?
— Tem tudo. A gramática é que ensina a conjugar o verbo ser e a metafísica nasce daí, de uma profunda conjugação desse verbinho. Não se sabendo gramática...[33]

É a partir desse desejo de agramaticalidade — de se situar fora da metafísica da lei desde o início — que a poesia de Oswald se faz.

De fato, há sempre algo, nos seus poemas, que parece nos convidar a encará-los (a lê-los, interpretá-los, avaliá-los) como menos que poemas. Há neles uma oscilação entre o *ready-made* e o *do it yourself* que mina quaisquer exigências rasteiras de "originalidade" ou "seriedade". Afinal, as duas atitudes pressupõem um questionamento não menos que revolucionário, seja dos próprios materiais que serão transformados em poesia (*ready-made*), seja dos mecanismos de formalização — isto é, transformação — desses materiais (*do it yourself*). Mas o que emerge daí é, antes de tudo, a consciência de que tanto a seleção dos materiais quanto a formalização destes são dois procedimentos regidos por leis não escritas (mas por vezes escritas — por exemplo, nos tratados de versificação). O que chamamos de "vanguardas" artísticas do século XX são sobretudo movimentos de contestação a essas leis — por mais que sua ação, supostamente em nome da vida contra a lei e que, portanto, poderia se resumir a uma pura explosão de selvageria vital, gesto de insubmissão sem restituição de qualquer legalidade à vista, logo, e mesmo antes da construção e apresentação de qualquer "obra", acabe por propor novas leis. O que são os *manifestos* senão cartas constitucionais, por vezes algo paródicas, a coligir as leis fundamentais de uma nova realidade poética? Daí que, em tantos casos, e é muitas vezes o que ocorre com Oswald, seja tão difícil e sobretudo infrutífero buscar descolar a leitura das obras "propriamente literárias" da leitura dos manifestos a partir dos quais foram escritos. É certo que a leitura dos poemas de *Pau-Brasil* não se esgota numa redução dos seus versos às premissas expostas no "Manifesto da Poesia Pau-Brasil", porém é no jogo dialético entre a ação poética "propriamente literária" dos poemas e a nova legalidade reivindicada no manifesto que emerge a singularidade e o significado mais amplo daqueles poemas, assim como também a função e o sentido do manifesto se alteram na leitura conjunta com os poemas.

Em alguma medida, a proposição oswaldiana da Antropofagia como "única lei do mundo" é intensamente análoga à convocação de Walter Benjamin para que se crie um "real estado de exceção",[34] por mais que os dois autores pareçam figurar a situação, que é aquela da relação entre vida e lei, por ângulos antitéticos. Porém, como bem sabemos, o estado de exceção não é propriamente uma ruptura da lei, mas é o momento em que a lei suspende a si mesma e por isso mesmo revela seu caráter mais íntimo, seu segredo. Isto é: que a lei só existe porque houve uma exceção originária e só se conserva porque ela mesma mantém aberta, como abismo interno à própria lei, a possibilidade da exceção (esta é a relação entre lei e polícia). O "real estado de exceção" emergiria de uma quebra da ordem que não fosse uma máscara da restauração; assim também funciona a "única lei do mundo": uma vez descortinada por completo, ela não se deixaria mais disfarçar sob a face das outras leis. Daí que Oswald esteja pensando para além da própria ideia de *revolução*, que parece condenada a sempre instaurar uma nova ordem. O mesmo talvez aconteça com Benjamin, em quem o "real estado de exceção" se deixa prenunciar pelo "conceito novo e positivo de barbárie" de que fala no seu ensaio sobre "Experiência e pobreza",[35] e que, aliás, tão bem se conjuga com a ideia oswaldiana de Antropofagia. (Podemos apenas imaginar os diálogos que poderiam ter ocorrido entre Oswald e Benjamin se tivesse vingado a ideia, exposta numa carta de Erich Auerbach ao filósofo e crítico berlinense, de fazê-lo professor da USP.[36])

No parágrafo final de seu livro sobre o *Estado de exceção*, Giorgio Agamben escreve:

> Mostrar o direito em sua não-relação com a vida e a vida em sua não-relação com o direito significa abrir entre eles um espaço para a ação humana que, há algum tempo, reivindicava para si o nome "política". A política sofreu um eclipse duradouro porque foi contaminada pelo direito, concebendo-se a si mesma, no melhor dos casos, como poder

constituinte (isto é, violência que põe o direito), quando não se reduz simplesmente a poder de negociar com o direito. Ao contrário, verdadeiramente política é apenas aquela ação que corta o nexo entre violência e direito. E somente a partir do espaço que assim se abre, é que será possível colocar a questão a respeito de um eventual uso do direito após a desativação do dispositivo que, no estado de exceção, o ligava à vida. Teremos então, diante de nós, um direito "puro", no sentido em que Benjamin fala de uma língua "pura" e de uma "pura" violência. A uma palavra não coercitiva, que não comanda e não proíbe nada, mas diz apenas ela mesma, corresponderia uma ação como puro meio que mostra só a si mesma, sem relação com um objetivo. E, entre as duas, não um estado original perdido, mas somente o uso e a práxis humana que os poderes do direito e do mito haviam procurado capturar no estado de exceção.[37]

É através da poesia, exercício máximo daquela "palavra não coercitiva", e, depois, através do teatro, isto é, da palavra que se encarna no palco (mas sempre reminiscente da palavra poética, como fica mais evidente em *A morta*), que Oswald de Andrade busca descortinar esse espaço propriamente político.

O exame do teor político da obra poética oswaldiana deixa claro que, quando a poesia toca a política, a ideia de política não se transforma menos do que a ideia de poesia. O que não deixa de ser condizente com um autor que tinha uma noção elevada da política: "Sempre amei a política em seu verdadeiro sentido. Nunca a pratiquei num nível rasteiro, mas dentro do conceito aristotélico".[38] Indagado, numa entrevista para a *Tribuna da Imprensa*, sobre quais eram seus poemas de que mais e menos gostava, Oswald respondeu indicando dois poemas explicitamente políticos, mas muito diferentes no modo de intervenção: "'Cântico dos cânticos para flauta e violão' é o melhor;

e o pior é o 'Canto do pracinha só', poema dirigido sob influência política pelo Partido Comunista".[39] Mas já políticos eram, no "sentido verdadeiro" de política, os poemas de *Pau-Brasil* e do *Primeiro caderno do aluno de poesia*, sobretudo, neste último, sua aproximação a uma condição não só infantil como *analfabeta*. Aqui talvez seja o caso de recordar Mário Pedrosa: "Cada criança é uma lei em si mesma".[40] Sempre lembrando que Oswald disse: "A nova poesia restaura o reino da criança, do primitivo e do louco. Ouçamos Nietzsche...". Na trilha da "agitação tempestuosa de Nietzsche", ele sonha não apenas com uma lei que fosse diferente, mas também com um povo condizente com essa diferença: "O poeta e a criança, o primitivo e o louco, tudo isso é também o povo".[41]

Como partimos de Kafka, vale notar que é precisamente no autor de "Diante da lei" que Oswald encontra uma síntese da situação do poeta na contemporaneidade:

Mas não são só os amores de Baudelaire que se decompõem. O mundo em que ele vive também é uma infame *charogne*. É uma simples e nauseante decomposição. Enquanto a burguesia exibe o seu triunfo bestial, e de outro lado Marx a analisa, os poetas e os artistas refluem estoicos para a infelicidade. E de lá agem. Não se exibem mais como no romantismo em gritos e lamentos. Vejam-se a posição de Van Gogh, a de Cézanne, como a de Baudelaire e a de Rimbaud, posteriormente. Esse isolamento, essa fuga, não representa abdicação alguma. É apenas a retirada do caos. O hermetismo que esplende em Mallarmé é uma oposição nítida ao filisteísmo circundante, produzido pela quebra de valores da Revolução Industrial. O poeta tem pudor do seu estado de graça... ou de desgraça.

O poeta prefere ser um incompreendido e fundar uma seita que enfim receba aquela "mensagem do imperador" de um conto de Kafka. O imperador da China ao morrer mandou uma mensagem ao último de seus súditos. A sala da agonia achava-se repleta. Ajoelhado, o mensageiro atlético recebeu a confirmação do imperial recado e partiu para os confins da nação com um emblema solar no peito. Furou a multidão que o acotovelava, passou a outra sala, repleta também. Caiu num pátio, onde o povo ululava, penetrou num segundo palácio, num terceiro pátio, e quando chegou à rua encontrou quatrocentos milhões de chineses lhe barrando o caminho, na emoção da perda do soberano. Mas, diz Kafka, ao cair da noite, o destinatário senta-se à janela de seu quarto e espera a mensagem do imperador. O poeta é esse mensageiro do irrevelado que traz como brasão um sol no peito e que procura o destinatário de seus íntimos recados. Esses chegam. Os punhos sagrados do mensageiro batem às portas magnéticas da emoção quando se produz aquele milagre de Maiakóvski:

> Comigo a anatomia enlouqueceu
> Sou todo coração.[42]

Antonio Candido chama a atenção para a "permanência da infância" em Oswald.[43] Oswald é o "menino que não quis perecer".[44] "A norma", diz ainda Candido, "lhe aparece como limite, e a sua sensibilidade busca o ilimitado. O menino reponta no adulto como tendência constante de negar a norma; como fascinação pelo proibido. A prática do proibido é a possibilidade de evasão, de negação duma ordem de coisas que lhe é intolerável."[45] Mas não se trata só disso: essa "evasão", dialeticamente, é também possibilidade de um mergulho mais fundo em outra "ordem de coisas" que lhe interessa, e a poesia que nasce dessa "permanência da infância" se faz, simultaneamente, tarefa ético-política (que diz respeito aos modos de relação do poeta com os outros homens e com o mundo), mas também exercício heurístico (que diz respeito ao conhecimento outro do mundo). Candido encontrará aí uma escrita "sob o signo da devoração": "Posto em face do mundo — da natureza, da sociedade, de cada homem —, [Oswald] os engloba e assimila à sua substância, a ponto de parecerem projeção do seu *eu*".[46] Antes, o crítico já dissera a propósito das memórias oswaldianas: "Aqui, tudo se mistura; o eu e o mundo fundem-se num ritmo de impressão pessoal muito peculiar, em que se perde, por assim dizer, a independência de ambos".[47] No entanto, o próprio Oswald, no "Manifesto Antropófago", já desenhara da seguinte forma o seu percurso de *conhecimento pela devoração*: "Da equação *eu* parte do *Cosmos* ao axioma *Cosmos* parte do *eu*".[48] Não temos aí propriamente, portanto, uma figuração do mundo como "projeção" do *eu* oswaldiano, uma vez que, na Antropofagia tal como pensada por Oswald, é antes o próprio *eu* que se deixa atravessar e abalar pelo mundo — isto é, pela potencialmente infinita variedade do mundo. O eu, frente ao mundo, não se reafirma em sua posição inicial, mas *varia* e *desvaria*.[49] Não se trata de "reduzir o mundo à sua medida" (isto é, à medida do *eu*, como diz Candido),[50] mas, sim, de alcançar o ponto em que a distinção entre eu e mundo não se ponha mais. "Sou todo coração" — o verso de Maiakóvski lembrado por Oswald — pode ser reescrito também como "Sou todo cosmos".

Insistir na infância, em suma, como aproximação a algo como uma primeira idade do mundo, em busca (menos arqueológica do que arqueopoética) de "certas constantes, mais velhas [...] do que as normas", correspondentes ao que "o homem traz em si de arcano". Está aí, para Oswald, a "possibilidade de revogar a norma em benefício da aventura".[51] Nos termos do próprio Oswald, diríamos que, antes das normas estabelecidas para aprisionar o ser humano em suas funções sociais, estão as verdadeiras leis, ou os vários artigos da "única lei do mundo", que coincidem com a aventura e a libcrdade, e que portanto não estão escritos em lugar algum, e por isso mesmo exigem que o poeta escreva sempre de novo — e sempre diferentemente.

Oswald não apenas arromba a porta da lei: uma vez lá dentro, ele — nietzschianamente — dança.[52]

O drama do poeta

> *Vivemos sob céus sombrios e… existem poucos seres humanos. Talvez por isso existam também tão poucos poemas.*
>
> Paul Celan, "Carta a Hans Bender" (1960), trad. de João Barrento e Vanessa Milheiro

> *Tu, poeta, não passas de um ser vivo.*
>
> Oswald de Andrade, *A morta* (1937)

Em 1925, em entrevista a *O Jornal*, do Rio de Janeiro, Oswald de Andrade, que vinha de publicar o livro de poemas *Pau-Brasil*, caracterizou os modernistas, entre os quais se incluía, como aqueles que tinham "vomitado a Renascença como um mau xarope".[1] Segundo Oswald, era preciso deixar de lado todo o refinamento artístico e intelectual que, no fundo, não é mais do que "preguiça colonial-estética helênica e renascentista".[2] As próprias ideias de saber e de pesquisa — que posteriormente, no momento da Antropofagia, iriam se revelar tão importantes para a configuração da poética oswaldiana, ainda que sob as formas de um *não-saber* irônico e de uma *antipesquisa* errática — são desprezadas nesse "momento [...] de repouso e de alegria", isto é, nesse momento de aparente, ou propalada, tábula rasa: "Fatigados de cultura. Fatigados de sabença. Reagindo. Não nascemos para saber. Nascemos para acreditar. Sem pesquisa, a não ser a do nosso instinto que é excelente, quase maravilhoso".[3] A nova poesia — a Poesia Pau-Brasil — dependia, segundo a formulação vanguardista, de um "banho de estupidez", isto é, de um mergulho em "tudo quanto representa a nossa realidade mental", quer se encontre tal realidade nas notícias do dia, quer nas crônicas e casos do passado:

> O estado de inocência que o espírito sorve nas notícias dos cronistas sobre ananases, rios e riquezas e nos casos de negros fugidos e assombrações trazidos a nós pela tradição oral e doméstica não é [...] privilégio do passado. A mesma inspiração de poesia anda aí nos jornais de hoje e nos fatos de nossa vida pessoal.
> Para senti-la é necessário, porém, esquecer duma vez a infamíssima Florença e a Grécia pavorosa de Péricles.[4]

"Esquecer duma vez": é isto, porém, precisamente o que Oswald, ao longo de toda sua obra, não fez. Por muitas vezes, sob os mais variados pretextos, voltou a recordar a "Grécia pavorosa de Péricles" (isto é, a Grécia trágica), assim como a "infamíssima Florença", sobretudo nas pessoas de seu mais ilustre cidadão, o exilado Dante (*"florentinus natione non moribus"*[5]), e de sua amada, a defunta Beatriz. Será que o fez para sempre de novo "vomita[r] a Renascença" — e, antes, a Idade Média — "como um mau xarope"? Ou, como bom antropófago que, em certa medida, foi desde o início de sua trajetória, preferiu, a despeito da retórica da tábula rasa, devorá-las e redevorá-las continuamente, absorvendo-as e transformando-as — "Do valor oposto ao valor favorável" — como propõe, no manifesto de 1928, que se faça com o "inimigo sacro"?[6]

Basta rastrearmos algumas das alusões de Oswald a Dante, ao longo de sua obra, para vermos como a segunda opção, a de uma dialética histórica ativa desde os primeiros movimentos de sua obra, é a verídica. A oposição entre "poesia" e "cultura" — e não só entre "poesia" e "literatura"[7] — que está na base já da produção poética inicial de Oswald é menos expressão de um verdadeiro desejo de aniquilação do patrimônio cultural do que um tropo nietzschiano (antes do que marinettiano) para a urgência de se estabelecer uma relação renovada com tal patrimônio.[8] Num parágrafo de *A crise da filosofia messiânica* que começa por um exame da recuperação de Dante no chamado "primeiro Humanismo" (aliás, a tese constitui, ao lado da série de artigos *A marcha das utopias*, uma das mais intensas reinterpretações pós-ocidentais da ideia de Renascença), Oswald observa: "Seria preciso que aparecesse no século XIX o gênio de Nietzsche, acolitado por Erwin Rohde e Burckhardt, para que se restaurasse a Grécia dionisíaca e a Grécia órfica".[9]

É certo que as constantes referências a Dante na obra de Oswald podem ser vistas, por um lado, como um simples jogo com a tradição (se é que há jogos simples quando se trata de criação artística e tradição). Por outro, porém, podem ser interpretadas como expressões da consciência de que, na obra de Dante, se entabulara uma partida decisiva para a configuração da literatura — e das artes em geral — dali por diante. Ou seja, algumas das questões propostas originalmente por Dante talvez continuassem a interrogar os modernistas brasileiros — como, de resto, interpelavam, à mesma época, escritores de outras paisagens, como Eliot e Mandelstam. O "mau xarope" talvez fosse antes um elixir secreto, uma poção mágica que nunca desceria de todo pela garganta antropófaga — e que também, por isso mesmo, nunca se expulsaria de todo. Raúl Antelo já chamou a atenção para a infinitude do "acontecimento canibal" enquanto "desejo de um desejo" (outro modo de dizer, com Oswald mas também com Lacan e Derrida, a conjugação de "pesquisa" e "instinto"), ao mesmo tempo que constatava a "indissolúvel aliança entre a antropofagia e a antropoemia" — entre voragem e vômito.[10]

Na "Falação" que abre *Pau-Brasil*, Oswald cita a *selva selvaggia* do primeiro canto do *Inferno*, assim como nomeia Virgílio, o guia de Dante na maior parte de sua viagem pelo além-túmulo: "Contra a fatalidade do primeiro branco aportado e dominando diplomaticamente as selvas selvagens. Citando Virgílio para tupiniquins. O bacharel".[11] A alusão dantesca não passou despercebida. Com base nesse trecho, Mário de Andrade — que, por algum tempo, planejou escrever, segundo o exemplo de Dante, "uma espécie de *Vita nuova*"[12] — critica em Oswald a "raiva contra a sabença": "Pueril. O. de A. desbarata com o que cita 'Vergílio pros tupiniquins' no mesmo período citando as 'selvas selvagens' de Dante pros tupinambás. Questão de preferência de tribo talvez".[13] E completa: "Preconceitos pró ou contra erudição não valem um derréis. O difícil é saber saber".[14] À "alegria da ignorância que descobre" proposta por Oswald, Mário contrapõe a "alegria da sabença que descobre. E da sabença que verifica".[15] "Sabença" (e antes desejo de sabença ou instinto de pesquisa) que Mário, aliás, flagra na própria "Falação" oswaldiana, "escritura dum naufragado na erudição".[16]

No último capítulo de *Memórias sentimentais de João Miramar*, publicadas pela mesma época de *Pau-Brasil*, o protagonista cita o verso inicial da *Commedia* — "*Nel mezzo del cammin di nostra vita*" — assim como, na derradeira frase, também nomeia o poeta que conduz Dante pelo Inferno e pelo Purgatório: "O meu livro lembrou-lhe Virgílio, apenas um pouco mais nervoso no estilo".[17] No *Serafim Ponte Grande*, "escrito de 1929 (era de Wall Street e Cristo) para trás"[18] e publicado em 1933, "os portões da enfermaria que se abrem e se fecham com estrondo" são comparados com "o Inferno de Dante".[19] Em outro episódio do livro, Serafim, como argumento para que Dona Branca Clara aceite suas investidas sexuais, acena-lhe com "o orgulho de te[r] sido amada por um legítimo brasileiro. […] E além disso por um poeta. Os poetas — já o disse Dante — são aspirinas de loucura e de ferro velho!".[20] (Frase enigmática que, diga-se de passagem, mereceria exegese. Haverá aqui uma alusão oblíqua, pela via do absurdo ou da analogia, a algum passo específico da obra dantesca?) Logo mais, há um fragmento do mesmo capítulo, "Cérebro, coração e pavio", que se intitula, em italiano, "Vita Nuova", retomando o título do primeiro livro de Dante.[21]

No *Dicionário de bolso*, escrito e reescrito ao longo das décadas de 1930 e 1940 e só publicado postumamente, o verbete "Dante" consiste numa única frase: "Ator da *Divina Comédia*".[22] O sutil deslizamento do previsível *autor* para o inesperado *ator* é algo mais que um trocadilho. Veja-se como, com o simples cancelamento de uma letra, Oswald sugere que, na obra de Dante, talvez interesse menos a questão da *autoria* — e da *autoridade* — do que a questão da *atuação* — e da *ação*. Antecipou, assim, a definição crítica cunhada por Gianfranco Contini e que tanta ressonância teve e ainda tem nos estudos dantescos: "Dante como personagem-poeta da *Commedia*".[23]

Oswald volta a falar de Dante na abertura de uma conferência, "Novas dimensões da poesia", proferida no Museu de Arte Moderna de São Paulo, em 19 de maio de 1949. O texto seria publicado parcialmente em 7 de junho do mesmo ano na coluna "Telefonema" do *Correio da Manhã*. Nesse momento, o "banho de estupidez" já ficara havia muito no passado. Note-se como, daqui por diante, Dante será um nome constantemente convocado por Oswald ao teorizar a poesia:

> O vocábulo oculta o ser e sobre o ser, trânsfuga do conhecimento, a poesia joga um rendado manto de palavras. Com que fim? Diz William Blake que o conhecimento poético limpa as vidraças da percepção para tornar as coisas infinitas.
>
> De modo que se apresenta logo essa função antitética da poesia — obscurecer esclarecendo.
>
> É o Dante quem nos fala da horribilidade das coisas.

Perché nascosse
questi il vocabol di quella riviera
pur com'uom fa dell'orribili cose?

Comentando esses versos diz Ortega y Gasset que se desenha aí toda uma poética: "Devem-se esconder os vocábulos porque assim se ocultam, se contornam as coisas, que como tais são horríveis".[24]

No mesmo texto, Oswald volta a Dante, como momento decisivo de um panorama do "compromisso [...] entre a poesia e a sociedade vigente que a produz": "Saídas as línguas românicas do balbucio trovadoresco, Dante e Milton codificam o mundo medieval".[25] Oswald, aí, apesar do interesse pelos nexos entre o poema e o seu tempo, parece ignorar deliberadamente o intervalo de quase trezentos anos que separa os dois autores. O "compromisso" entre poesia e sociedade é menos uma configuração do passado do que um projeto de futuro. Importam, para Oswald, menos os vínculos limitadores da poética medieval-renascentista com a época que a produziu do que suas ressonâncias, sua capacidade de continuar propondo questões aos pósteros; daí que, em seguida, frise a transitividade histórica desse modelo de poesia: "Entre Dante e Petrarca desenha-se uma métrica completa que é transladada para toda a Europa, vindo a dar os três mestres do classicismo francês, Molière, Racine e Corneille".[26]

No primeiro volume de *Marco Zero*, intitulado *A revolução melancólica*, narra-se uma reunião de conspiradores paulistas de 1932 que é pontuada por duas vezes com uma fala paralela sobre Dante. Na primeira, diz-se: "Não, senhor. A *Divina Comédia* é outra coisa! Passa um sopro de Deus! É o espírito do Guia!". Na segunda: "O Dante é insuperável, meu amigo!".[27] Em *Chão*, segundo volume da obra, conta-se de Nicolau Abramonte, imigrante italiano em São Paulo: "Estrugiu nele, de repente, a lembrança da imigração longínqua. Toda sua infância transbordou. Se Nicolauzinho conhecesse o Dante, diria que ele tinha errado. *Nessun maggior dolor*... Maior era a dor das injustiças sofridas, das dores recalcadas no momento magnético e inútil da fortuna".[28] Há, porém, no início do mesmo volume, uma alusão mais consequente. O Major da Formosa conversa com Alberto de Saxe, expondo algo como uma teoria da poesia moderna como "fúria" e renúncia, em que "tudo gira em torno do ato frustrado", ou seja, do desejo. No meio de sua fala, quase um monólogo, o personagem se compara a Dante:

— Há grandes lutas no espaço e você não sabe, Alberto! Há grandes lutas no interior do homem e você não sabe! Você vive? Não! Você escorrega, você permanece na superfície lisa da matéria! É por isso que você não entende os fracassados. Você não compreende os poetas iluminados pela dor da consciência. Como é que se adquire o estado poético? Não é pondo em foco as forças do ser inconsciente, libertadas da censura. Essas forças são neutras e portanto sem debate e sem drama. Ao contrário. Tudo gira em torno do ato frustrado. Tudo gira em torno da consciência roubada. No minuto humano em que a soma das esperanças, dos anseios e dos gestos dá zero, é que começa a funcionar a poesia. É que começa a funcionar a raiva. Poesia é fúria! É quando a consciência intervém. Não a consciência social, cristã, conspurcada pela ética interessada dos confessionários, sejam eles públicos ou privados. Não, Alberto de Saxe, é a consciência do primata, a única que cria direitos e suprime deveres! [...] Eu sou filho do ato frustrado. Foi em Londres que eu deixei o meu destino, no fundo de um ascensor. Quando eu era estudante com você em Oxford, tinha ido passar as férias em Londres, não me lembro mais o ano. O ano pouco importa, o que importa é o minuto. Todas as normalidades verticalizavam os meus vinte anos, você sabe. Eu era um imbecil inteiriço. Não tinha brecha, não conhecia o anjo interior da dúvida, não conhecia o purgatório. Cristalino como o Dante, não soube parar no purgatório, que é o clima consequente do homem, onde o homem vive e gera outro homem. Eu tinha minhas horas medidas como as minhas luvas. Fazia um grande inverno, eu madrugara. Como tinha em ordem as minhas lições, pensei no templo católico de Picadilly. Iria começar mais uma jornada perfeita, comungando. Deixei o meu quarto. Quando o elevador tocou o piso térreo, uma mulher entrou, não me deu tempo de sair. Estava enluvada sob uma grande peliça, com um véu que lhe deixava os olhos doces e tímidos. Vinha certamente de um baile, onde dançara a noite toda. Eu levava comigo a manhã, ela trazia a noite. Seu perfume embriagou-me. No minuto em que o ascensor nos conduziu até o último andar, os nossos olhos disseram toda a história da terra, a história social da terra. [...] Já se disse que onde há um homem e uma mulher, há toda a natureza, eu digo que há toda a história!

Alberto interrompe o relato: "Você nos escondeu essa aventura, Major". Ao que este responde:

— Não foi aventura nenhuma, e por isso mesmo foi a maior de todas, a única que valeu, a que hoje outra mulher está desenvolvendo em dó maior! Quando o elevador bateu, se fechando sobre mim e vi que estava de novo só, gritei! Eu não ousara nada, nem ela, mas tínhamos desejado tudo e temido tudo e sofrido tudo. Você compreende? Seus olhos ficaram no elevador que descia de novo, me acompanham até hoje. E fiquei só! E ela povoou as minhas solidões...[29]

Retenha-se aí sobretudo essa noção final de que a mulher ausente — a mulher da qual só resta a lembrança, a imagem na memória e na fala — tem a capacidade de *povoar as solidões* do poeta.

De todas, a mais demorada e consistente alusão de Oswald a Dante encontra-se na peça *A morta*, de 1937. Suas peças anteriores, *O rei da vela* e *O homem e o cavalo* (ambas publicadas em 1934, num único volume), já continham referências à cultura medieval — nos nomes dos personagens (Abelardo e Heloísa, na primeira), mas também na forma das peças (que tendem à alegoria e à estaticidade dos autos). Em *A morta*, Oswald reescreve a viagem de Dante — aqui, apenas "o poeta" — pelo mundo dos mortos rumo ao reencontro com Beatriz; mas o drama da volta à superfície dos vivos, com a perda da amada, vem antes de uma das fontes secretas da *Commedia*, o mito de Orfeu e Eurídice.[30] É como se Oswald aprofundasse a negatividade de Dante ao encaminhar o seu enredo de volta a um tempo mais distante, Antiguidade profunda ou mesmo Pré-História.

No reencontro entre Orfeu e sua amada — que é, desde o princípio, desencontro (nos termos de Oswald, "ato frustrado") —, Maurice Blanchot entreviu aquela que talvez seja a figura por excelência da "inspiração" poética em sua relação dialética com a "obra":

> Quando Orfeu desce em busca de Eurídice, a arte é a potência pela qual a noite se abre. A noite, pela força da arte, acolhe-o, torna-se a intimidade acolhedora, o entendimento e o acordo da primeira noite. Mas é para Eurídice que Orfeu desce: Eurídice é, para ele, o extremo que a arte pode atingir, ela é, sob um nome que a dissimula e sob um véu que a cobre, o ponto profundamente obscuro para o qual parecem tender a arte, o desejo, a morte, a noite. Ela

é o instante em que a essência da noite se aproxima como a *outra* noite.

Esse "ponto", a obra de Orfeu não consiste em assegurar-lhe a aproximação ao descer em direção às profundezas. Sua obra é trazê-lo de volta ao dia e dar-lhe, no dia, forma, rosto e realidade. Orfeu pode tudo, exceto olhar esse "ponto" de frente, salvo olhar o centro da noite na noite. Pode descer em direção a ele, pode, poder ainda mais forte, atraí-lo a si e, consigo, atraí-lo para o alto, mas desviando-se dele. Esse desvio é o único meio de se acercar a ele: tal é o sentido da dissimulação que se revela na noite. Mas Orfeu, no movimento da sua migração, esquece a obra que deve cumprir, e esquece-a necessariamente, porque a exigência última do seu movimento não é que haja obra, mas que alguém se coloque em face desse "ponto", lhe capte a essência, onde essa essência aparece, onde é essencial e essencialmente aparência: no coração da noite.

[...] ao voltar-se para Eurídice, Orfeu arruína a obra, a obra desfaz-se imediatamente, e Eurídice retorna à sombra; a essência da noite, sob o seu olhar, revela-se como inessencial. Assim traiu ele a obra, Eurídice e a noite. Mas não se voltar para Eurídice não seria menor traição, infidelidade à força sem medida e sem prudência do seu movimento, que não quer Eurídice em sua verdade diurna e em seu acordo cotidiano, que a quer em sua obscuridade noturna, em seu distanciamento, com seu corpo fechado e seu rosto velado, que quer vê-la, não quando ela está visível mas quando está invisível, e não como intimidade de uma vida familiar mas como a estranheza do que exclui toda a intimidade, não para fazê-la viver mas para ter viva nela a plenitude de sua morte.

Foi somente isso o que Orfeu foi procurar no inferno. Toda a glória de sua obra, toda a potência de sua arte e o

> próprio desejo de uma vida feliz sob a bela claridade do dia são sacrificados a essa única preocupação: olhar na noite o que a noite dissimula, a *outra* noite, a dissimulação que aparece. [...] É inevitável que Orfeu desobedeça à lei que lhe interdita "voltar-se para trás", pois ele violou-a desde os seus primeiros passos em direção às sombras. [...] na realidade, Orfeu nunca deixou de estar voltado para Eurídice: ele viu-a invisível, tocou-lhe intacta, em sua ausência de sombra, nessa presença velada que não dissimulava a sua ausência, que era a presença de sua ausência infinita. Se ele não a tivesse olhado, não a teria traído e, sem dúvida, ela não está lá, mas ele mesmo, nesse olhar, está ausente, não está menos morto do que ela, não a morte dessa tranquila morte do mundo que é repouso, silêncio e fim, mas dessa outra morte que é morte sem fim, prova da ausência de fim.[31]

A poesia, como já sugeria o personagem de *Chão*, só existe como persistência do "ato frustrado", como forma de "consciência roubada". Só "começa a funcionar" quando "a soma das esperanças, dos anseios e dos gestos dá zero". Nenhuma totalidade, nenhuma plenitude, nenhuma integração ou posse final têm aí lugar. A "obra" — o poema — só parece estar à altura de sua "inspiração" quando preserva em si algo dessa perda originária: dessa perda que se fez origem. Nas palavras, ainda, de Blanchot:

> O erro de Orfeu parece estar [...] no desejo que o leva a ver e a possuir Eurídice, ele, cujo único destino é o de cantá-la. Ele só é Orfeu no canto, só pode ter relações com Eurídice no seio do hino, só tem vida e verdade após o poema e por este, e Eurídice não representa outra coisa senão essa dependência mágica que, fora do canto, faz de Orfeu uma

sombra e não o liberta, vivo e soberano, senão no espaço da medida órfica. [...] somente no canto Orfeu tem poder sobre Eurídice, mas, também no canto, Eurídice já está perdida e o próprio Orfeu é o Orfeu disperso, o "infinitamente morto" que a força do canto faz dele, desde agora. Ele perde Eurídice e perde-se a si mesmo, mas esse desejo e Eurídice perdida e Orfeu disperso são necessários ao canto, tal como é necessária à obra a prova da ociosidade eterna. [...] Se o mundo julga Orfeu, a obra não o julga, não elucida as suas faltas. A obra nada diz. E tudo se passa como se, ao desobedecer à lei, ao olhar Eurídice, Orfeu não tivesse feito mais do que obedecer à exigência profunda da obra, como se, por esse movimento inspirado, tivesse realmente roubado ao Inferno a sombra obscura, a tivesse, sem o saber, trazido para a luz clara da obra.

Olhar Eurídice, sem se preocupar com o canto, na impaciência e na imprudência do desejo que esquece a lei, é isso mesmo a *inspiração*. [...] A inspiração seria [...] esse momento problemático em que a essência da noite converte-se no inessencial, e a intimidade acolhedora da primeira noite, a armadilha enganadora da *outra* noite? Não pode ser de outro modo. Da inspiração, só pressentimos o fracasso, apenas reconhecemos a violência extraviada. [...] A inspiração dita a ruína de Orfeu e a certeza de sua ruína, e não promete, em compensação, o êxito da obra, tal como não afirma na obra o triunfo ideal de Orfeu nem a sobrevivência de Eurídice. [...] A obra é tudo para Orfeu, com exceção desse olhar desejado onde ela se perde, de modo que também é somente nesse olhar que ela pode superar-se, unir-se à sua origem e consagrar-se na impossibilidade. [...] Diante da obra-prima mais segura, onde brilham o fulgor e a decisão do começo, acontece-nos estar também diante do que se extingue, obra de súbito tornada invisível, que não está mais onde estava, jamais aí esteve. Esse súbito eclipse é a longínqua lembrança do olhar de Orfeu, é o regresso nostálgico à incerteza da origem.[32]

Não por acaso, Blanchot veria também, no mesmo mito de Orfeu e Eurídice, algo como um paradigma secreto da "comunidade dos amantes", que, justamente na sua "dissimetria" constitutiva — no limite, dissimetria entre vivos e mortos —, estaria na base de qualquer ideia complexa de comunidade. Eurídice (referida por Blanchot mediante dois versos de um poema de Marina Tsvetáieva, "Eurídice a Orfeu") — é aqui reinterpretada como "a Afrodite ctoniana ou subterrânea", que se esconde atrás da "Afrodite celeste ou uraniana" e da "Afrodite terrestre ou popular" e que "delas não é separável": Afrodite sombria, noturna, "a mais temida e, por isso, a mais amada", "que pertence à morte e a esta conduz aqueles que ela escolhe ou que se deixam escolher, unindo [...] o mar do qual nasce (e não para de nascer), a noite que designa o sono perpétuo e a injunção silenciosa endereçada à 'comunidade dos amantes', para que estes, respondendo à exigência impossível, se exponham, um no lugar do outro, à dispersão da morte". Não por coincidência, como frisei: porque se trata de "uma morte, por definição, sem glória, sem consolação, sem recurso, à qual nenhuma outra desaparição poderia igualar-se, com a exceção talvez daquela que se inscreve na escrita, quando a obra que é sua deriva é de antemão renúncia a *fazer obra*, indicando somente o espaço onde ressoa, para todos e para cada um, e portanto para ninguém, a fala sempre por vir do *désœuvrement*"[33] — isto é, da *inoperância* ou mesmo da *desobra* (arrisquemo-nos a traduzir assim o termo de Georges Bataille recuperado por Blanchot e por Jean-Luc Nancy em seus discursos sobre a comunidade; desobra: aquela operação negativa, aquela desativação ou ociosidade, que pulsa, subterrânea ou subcutaneamente, em toda obra).

Orfeu — ou seja, a voz poética — vive somente no intervalo entre "inspiração" e "obra", entre aquilo que se perde (e se torna imagem) e aquilo que se constitui precariamente a partir dos restos do perdido (e se faz canto). Esta voz é sempre fruto de uma relação com algo que lhe aparece como *outro*: toma a forma mesma dessa relação e, por isso, não pode ser senão no mínimo dúplice, desejavelmente múltipla, idealmente infinita. Trata-se, vale frisar, de uma relação de mão dupla, e sobretudo dialética, na qual todo êxtase (toda saída de si: e o que é a escrita poética senão um exercício extático mais ou menos controlado?) depende de uma prévia ou simultânea (e aqui o léxico psicanalítico é apenas aproximativo) *incorporação*, *introjeção* ou *interiorização*.[34] E vice-versa. Daí que, na origem da lírica vernacular europeia, precisamente aquele momento que Dante absorveu e teorizou na *Vita Nova*, não só o amor mas também a amizade tenham desempenhado papel fundamental.

Em *A morta*, como nas peças anteriores, Oswald, comunista desde o início da década, vale-se do teatro como forma de intervenção na vida pública. Trata-se de um teatro que se mostra o tempo todo como teatro, desmontando qualquer ilusão de realidade, convocando o espectador a participar da cena, introduzindo na ficção algo como um esboço de teoria política do drama — e da poesia. Já na abertura da peça, o hierofante, espécie de antagonista do poeta (mas também, em certa medida, seu duplo), adverte: "Senhoras, senhores, eu sou um *pedaço de personagem*, perdido no teatro".[35] No processo de desmistificação do dispositivo teatral, o próprio estatuto ontológico do personagem, seu costumeiro paralelo com a pessoa, é posto em questão, pela emergência de sujeitos coletivos sobre sujeitos individuais; porém, com o complicador de que a ação está centrada nas falas relativamente incomunicáveis — não propriamente diálogos — e nas ações de dois personagens, ao menos aparentemente, individuais: o poeta e Beatriz. Diz ainda o hierofante: "Estamos nas ruínas misturadas de um mundo. Os personagens não são unidos quando isolados. Em ação são coletivos. Como nos terremotos de vosso próprio domicílio ou em mais vastas penitenciárias, *assistireis o indivíduo em fatias e vê-lo-eis social ou telúrico*".[36]

Uma das grandes inovações de *A morta* está no fato de os atores, na abertura da peça, delegarem a ação — que é, antes, inação — a marionetes. Veja-se a rubrica inicial do primeiro quadro:

> A cena se desenvolve também na plateia. O único ser em ação viva é *A enfermeira*, sentada no centro do palco em um banco metálico, demonstrando a extrema fadiga de um fim de vigília noturna. Ao fundo, arde uma lareira solitária. Está-se num cenáculo de marfim, unido, sem janelas, recebendo a luz inquieta do fogo. Em torno da *Enfermeira*, acham-se colocadas sobre quatro tronos altos, sem tocar o solo, quatro marionetes, fantasmais e mudas, que gesticulam exorbitantemente as suas aflições, indicadas pelas falas. Estas partem de macrofones [i.e., alto-falantes], colocados em dois camarotes opostos no meio da plateia. No camarote da *Direita* estão *Beatriz*, despida, e *A outra*, num manto de negra castidade que a recobre da cabeça aos pés. No da *Esquerda*, *O poeta* e *O hierofante*, caracterizados com extrema vulgaridade. Expressam-se todos estáticos, sem um gesto e em câmara lenta, esperando que as marionetes a eles correspondentes executem a mímica de suas vozes. Sobre os quatro personagens da plateia, jorram refletores no teatro escuro. É um panorama de análise.[37]

Esse estranho hieratismo — o fogo, a ação transferida, os gestos mudos das marionetes, a ausência de gestos dos atores, as vozes descoladas dos corpos, a lentidão — parece sugerir menos uma representação do quadro social sob crítica (por que cifrá-lo de tal modo?) do que uma figuração da paisagem mental do poeta. Mas podemos nos perguntar se, de fato, uma coisa se distingue, aqui, da outra. É interessante, quanto a isso, observarmos os termos com que o próprio Oswald descrevia seu trabalho na peça, na "Carta-prefácio do autor", testemunho veemente das contradições profundas daquele momento histórico (mas que são, em alguma medida, contradições inerentes a toda criação poética na modernidade):

> Dou a maior importância à *Morta* em meio da minha obra literária. É *o drama do poeta*, do coordenador de toda ação humana, a quem a hostilidade de um século reacionário afastou pouco a pouco da linguagem útil e corrente. Do romantismo ao simbolismo, ao surrealismo, a justificativa da poesia perdeu-se em sons e protestos ininteligíveis e parou no balbuciamento e na telepatia. Bem longe dos chamados populares. Agora, os soterrados, através da análise, voltam à luz, e através da ação, chegam às barricadas. São os que têm a coragem incendiária de destruir a própria alma desvairada, que neles nasceu dos céus subterrâneos a que se acoitaram. As catacumbas líricas ou se esgotam ou desembocam nas catacumbas políticas.[38]

É revelador dessas contradições que o próprio texto de *A morta*, que nisso não trai o restante da obra de Oswald, tenha muito de "sons e protestos ininteligíveis", muito de "balbuciamento" e "telepatia". O "drama do poeta" — o desejo de voltar a ser o "coordenador de toda ação humana" — não se resolve apenas com a vontade do autor de passar das "catacumbas líricas" às "catacumbas políticas". Até porque, se lemos o Oswald de 1937 à luz daquele dos manifestos de 1924 e, especialmente, de 1928, perceberemos que as "catacumbas líricas" já eram, desde o princípio, imediatamente "políticas". Essa imediatez é que se encontra inscrita em proposições célebres como "A Poesia existe nos fatos" ou "A Poesia para os poetas", na equação entre "Como falamos" e "Como somos" (curioso ensaio de ontologia política vocal-linguística), na noção de "democratização estética", todas do "Manifesto da Poesia Pau--Brasil", e, a rigor, em toda e qualquer frase do "Manifesto Antropófago", em que a arte só é pensada em termos de prática política, a ponto de quase desaparecer do discurso, pelo menos nominalmente, com a única exceção de uma menção ao "cinema americano" (que, diz Oswald, "informará").[39] Mas recordemos aqui também o que Agamben, que retomou o *désœuvrement* batailliano sob a designação de *inoperosità*, propõe, tendo em vista especialmente o poema: "A arte não é uma atividade humana de ordem estética, que pode, eventualmente e em determinadas circunstâncias, adquirir também um significado político. A arte é em si própria constitutivamente política, por ser uma operação que torna inoperativos e que contempla os sentidos e os gestos habituais dos homens e que, desta forma, os abre a um novo possível uso".[40] Não seria legítimo reconhecermos na configuração dos personagens de *A morta*, que se expressam "todos estáticos, sem um gesto e em câmara lenta, esperando que as marionetes a eles correspondentes executem a mímica de suas vozes", um exercício de desativação dos "gestos habituais dos homens"? E, antes, não estaria essa desativação já em curso nas obras literárias anteriores de Oswald, tanto nos outros textos para teatro quanto nos livros de poemas e nos romances experimentais? Veja-se, por exemplo (exemplo inaugural e marcante), o modo como Oswald, a partir da seção "História do Brasil" de seu primeiro volume de poesia, desativa o grandioso e falso gesto da *Descoberta*, transformando-o no pequeno e autêntico gesto da poesia: "Aprendi com meu filho de dez anos/ Que a poesia é a *descoberta*/ Das coisas que eu nunca vi".[41]

Naquelas que são as duas grandes suítes líricas com que se encerra a trajetória de Oswald como poeta, o "Cântico dos cânticos para flauta e violão", de 1942, e "O escaravelho de ouro", de 1946, assistiríamos, outra vez, à encenação do desejo de, "através da análise, volta[r] à luz, e através da ação, chega[r] às barricadas", mas também à constatação de que talvez só reste ao poeta — e isto talvez fique mais claro no segundo texto — um *canto soterrado*, que não tem como dissolver sua cota de enigma e de inoperância:

>   Criarás o mundo
>   Dos risos alvares
>   Das cópulas infecundas
>   Dos fartos tigres
>   Semearás ódios insubmissos lado a lado
>   De ódios frustrados
>   Evocarás a humanidade, o orvalho e a rima
>   Nas lianas construirás o palácio termita
>   E da terra cercada de cerros
>   Balida de sinceros cincerros
>   Na lua subirás
>   Como a tua esperança
>
>   O espaço é um cativeiro[42]

"O hierofante", que era personagem em *A morta*, reaparece no título de outro poema desta magistral obra de reavaliação da trajetória de Oswald, escrita em 1946:

> Não há possibilidade de viver
> Com essa gente
> Nem com nenhuma gente
> A desconfiança te cercará como um escudo
> Pinta o escaravelho
> De vermelho
> E tinge os rumos da madrugada
> Virão de longe as multidões suspirosas
> Escutar o bezerro plangente[43]

Entre "solidões" e "multidões", constrói-se — construiu-se — a voz do poeta.

Se voltamos à peça, percebemos que, ao combinar sua discussão sobre o "drama do poeta" a uma crítica social traduzida nos termos de uma oposição entre vivos e mortos, com a qual buscava figurar alegoricamente a oposição entre proletariado revolucionário e burguesia acomodatícia, Oswald criou um impasse para si mesmo, uma espécie de entrave à — ou na — imaginação. A isso se acrescente, como mais um fator problemático, que os mortos aparecem aí como símbolos da cultura, como se esta tivesse sido integralmente capturada pela classe a ser apeada pela revolução: como diz um personagem, sem os mortos "não haveria mais os céus da literatura, as águas paradas da poesia, os lagos imóveis do sonho. Tudo que é clássico, isto é, o que se ensina nas classes...".[44] A própria Beatriz é, na peça, um signo controverso. Trata-se de uma morta singularmente viva, porque marcada por eros — e sua força erótica teria o poder de atrasar a revolução: "Sou a raiz da vida onde toda revolução desemboca, se espraia e para".[45] (É interessante notar, entre parênteses, o quão moralista é a oposição entre "social" e "sexual", que é decisiva em vários pontos de *A morta*, não só aqui.)

Mas por que, podemos nos indagar, Oswald elegeu Dante e sua amada como figuras a partir das quais abordar o "drama do poeta"? E, antes, a que se deve a constância da referência dantesca ao longo da obra oswaldiana? Em Dante, Oswald — o Oswald que, mesmo se submetendo à rigidez da doutrina partidária, jamais deixou de ser de todo o antropófago que era — parece ter encontrado algo como um inesperado precursor. Precursor não apenas na convergência de catacumbas poéticas e catacumbas políticas (não esqueçamos que a *Commedia* é também o grande poema político do Ocidente, ao transferir para os reinos da morte questões decisivas da vida pública florentina, italiana e europeia), mas também, mais especificamente, na proposição de um nexo essencial entre os temas da poesia e da antropofagia.

Sempre que se fala de antropofagia e Dante, pensa-se logo no episódio de Ugolino, que ocupa os cantos XXXII e XXXIII do *Inferno* — ou seja, na tragédia do conde pisano que, acusado de trair sua cidade, foi trancado numa torre com os filhos, para que morressem de fome, e que se viu, assim, forçado ao canibalismo (e, por isso, também passará toda a eternidade a comer o cérebro de quem o condenou a tal pena). No entanto, a passagem dantesca que nos permite aproximar Oswald a Dante pelo ângulo da antropofagia não se encontra na *Commedia*, mas na *Vita Nova*, o primeiro livro escrito pelo poeta, do qual, como já vimos, Oswald extraiu o título para um capítulo das *Memórias sentimentais de João Miramar*. Precisamente, portanto, naquele livro em que Dante elaborou uma espécie de história e teoria da lírica (a ser lida em conexão com o que escreveria em sede propriamente teórica, o *De vulgari eloquentia*) a partir da recuperação de seus poemas de juventude e de sua montagem numa narrativa, na qual a prosa tem a função de expor as circunstâncias de composição de cada texto poético, reafirmando-se obsessivamente, a cada passagem, os vínculos entre vida e poesia. É o "drama do poeta" que, já aqui, nos instantes inaugurais de sua obra, Dante tem em vista, e tal drama se revela, por vezes, singularmente trágico. Por exemplo, quando Dante narra a escrita do seu primeiro poema.

Sob a máscara do relato de um enamoramento, é com um episódio de canibalismo — envolvendo mutilação e também necrofilia — que aí vamos deparar. Que se trate, à primeira vista, de uma alegoria não anula a concretude das cenas, tampouco a presença — a vida e a morte — dos personagens. "O espírito", diria Oswald no "Manifesto", "recusa-se a conceber o espírito sem o corpo",[46] e aqui temos uma perfeita ilustração desse princípio antropofágico. A antropofagia, como deixa claro o mesmo Oswald, é, antes de tudo, um "antropomorfismo" (o que é diferente de antropocentrismo):[47] um jogo sempre inconcluso com as formas humanas, uma formação incessante do humano, um amor pela metamorfose que não recua mesmo diante do que pode parecer corpóreo demais, baixo demais, até mesmo asqueroso ou abjeto. Podemos lembrar, a propósito, a aguda formulação de Raúl Antelo: "A antropofagia não devora corpos; ela produz corpos".[48]

Dante nos conta que, depois de seu segundo encontro com a amada (na verdade, o vocabulário da prosa dantesca é teológica e esteticamente mais preciso: menos que encontros, temos *aparições* de Beatriz[49]), quando ambos já tinham dezoito anos (a primeira aparição fora aos nove), sentiu-se dominado pela "doçura" (*dolcezza*: vocábulo, frise-se, gustativo) proveniente da dama, a tal ponto que, "como inebriado", separou-se das pessoas e recolheu-se à solidão de seu quarto (*al solingo luogo d'una mia camera*), no qual se pôs a pensar na amada:

> E pensando nela, me sobreveio um suave sono, no qual me apareceu uma maravilhosa visão. Que me parecia ver no meu quarto uma névoa cor de fogo, dentro da qual eu discernia uma figura de um senhor, de pavoroso aspecto para quem a olhasse; e parecia-me com tanta alegria quanto a

si, que admirável coisa era; e nas suas palavras dizia muitas coisas, as quais eu não entendia, a não ser poucas, entre as quais eu entendia estas: *Ego Dominus tuus* [Eu sou o teu Senhor: como logo depois saberemos, trata-se do deus Amor]. Nos seus braços me parecia ver uma pessoa dormir nua, salvo que me parecia ligeiramente envolta num pano sanguíneo; a qual eu, olhando muito intensamente, percebi que era a dama da saudação [*la donna della salute*: também dama da saúde e da salvação], a qual no dia anterior tinha se dignado a me saudar. E numa das mãos me parecia que este tivesse uma coisa que ardesse toda; e parecia-me que me dissesse estas palavras: *Vide cor tuum!* [Vê aqui teu coração!]. E depois de um tempo neste gesto [*E quando elli era stato alquanto*], parecia-me que despertasse esta que dormia; e tanto se esforçava por seu engenho, que a fazia comer esta coisa que na mão lhe ardia, a qual ela comia duvidosamente. Depois disso pouco demorava para que a sua alegria se convertesse em amaríssimo pranto; e assim chorando se recolhia esta dama nos seus braços, e com ela me parecia que se dirigisse ao céu.[50]

A "angústia" (*angoscia*) decorrente da visão é "tão grande" que o poeta acorda. Dante resolve então, com uma intenção em alguma medida terapêutica, escrever um soneto sobre o que vira, para enviá-lo em seguida a alguns dos mais "famosos trovadores daquele tempo", ou seja, aqueles que ele chama de "*fedeli d'Amore*", seus futuros companheiros de *dolce stil novo* (a denominação foi dada por ele mesmo): em suma, à comunidade de poetas à qual buscava se integrar.[51] O soneto deveria chegar-lhes como uma *saudação* (*uno sonetto, nel quale io salutasse tutti i fedeli d'Amore*), mas também como uma *solicitação* de exegese (*e pregandoli che giudicassero la mia visione*): ou seja, Dante queria que os membros daquela comunidade de poetas esclarecessem para ele mesmo o significado de seu misterioso poema — e de sua visão (desse pedido nasceria a amizade entre Dante e Guido Cavalcanti). Esse soneto é o primeiro poema de Dante, ou pelo menos o primeiro que ele considerou digno de registro; podemos, portanto, ler a narrativa do seu processo de escrita, nessa passagem da *Vita Nova*, como uma espécie de narrativa da origem da poesia, e mais precisamente da origem da lírica — da lírica moderna (aquela caracterizada linguisticamente pelo uso do vernáculo, em vez do latim, e caracterizada, digamos, psicologicamente e sobretudo eticamente pela postulação de uma coincidência entre voz lírica e subjetividade empírica).

Na interpretação costumeira do poema, diz-se que nele Dante antecipa a morte de Beatriz, que será o ponto de virada de seu livro — e de toda sua trajetória poética. A antecipação não depende de verdadeira profecia: alguns dantistas supõem que o poema foi escrito depois da morte da "Beatriz histórica" (seja ela Bice Portinari, como quis Boccaccio, ou qualquer outra) e depois inserido por Dante na posição inicial de seu livro.

No entanto, Robert Pogue Harrison propõe outra interpretação para o poema. Ele figuraria antes a morte do próprio Dante, e não de Beatriz: "a 'maravilhosa visão' *é* um sonho sobre a finitude do protagonista mais do que sobre a de Beatriz, condensando a futuridade temporal que permite a Dante perceber Beatriz em termos de alguma finalidade transcendente. A qualidade profética da visão deve ser reconduzida a essa futuridade dinâmica que caracteriza a tensão que propele Dante rumo a Beatrice e o leva a suspender o *libello* num contrato com o futuro".[52]

Gostaria de propor uma terceira possibilidade de interpretação, que absorve as outras duas: ao apresentar tal cena como mito de origem de sua poesia, e em alguma medida como mito de origem da poesia lírica moderna em geral, ou seja, daquele tipo de poesia em que a coincidência entre palavra e subjetividade é fundamental (ainda que seja uma coincidência em larga medida fictícia, o que, a rigor, não importa), Dante talvez esteja nos alertando para o fato de que essa instância subjetiva de onde provém o poema jamais é uma subjetividade fechada em si mesma, jamais é uma subjetividade rigorosamente individual, mas é antes uma subjetividade aberta, que tem na relação amorosa sua figura exemplar. É, afinal, descoberta de Dante, na *Vita Nova*, que a voz lírica devém de uma espécie de teatro (teatro psíquico? Mas também teatro retórico: veja-se a "batalha de diversos pensamentos", veja-se toda a dramaticidade dos espíritos que falam em latim, veja-se o Amor figurado como um deus que também se expressa somente na *"lingua grammatica"*). Há, em suma, uma comunidade no interior da própria subjetividade poética, e portanto no interior de cada poema. Daí, podemos supor, que Oswald escolha a forma do teatro para sua reflexão sobre o "drama do poeta", isto é, para sua discussão sobre a lírica. E daí também que sua peça tome uma configuração em alguma medida paradoxal: "ato lírico", é como ele a designa.[53]

A lírica, em suma, nos fornece uma figuração modelar da comunidade na medida em que o essencial aí é que a relação entre sujeito e objeto (poeta e amada) se dialetize numa relação entre dois sujeitos, ainda que esta, mais do que uma relação externa a esses sujeitos, se revele antes de tudo interna ao sujeito da voz. É assim que o princípio da comunidade — o *comum* — aparece no seio mesmo do que seria apenas individualidade. O amor de que fala a lírica — o amor que é antes de tudo fala ou, mais exatamente, canto, amor que é sempre amor pelo fantasma, pela imagem — é exemplar desse desdobramento. A relação simples entre sujeito e objeto logo se desdobra numa relação entre sujeito da voz (o poeta) e sujeito da imagem (sua amada: *"la gloriosa donna della mia mente"*).[54] Mas a lírica moderna só se constitui mesmo, em sua complexidade, quando cada uma dessas posições se desdobra internamente, e o sujeito da voz se descobre também como imagem, e o sujeito da imagem ganha voz. Veja-se a Beatriz de Oswald, que se faz acompanhar da Outra, "imagem frustrada" da primeira, "imagem silenciosa", "imagem impassível" na qual, no entanto, transparece ainda a "ondula[ção]" de uma vida insuspeitada.[55] Mas também podemos nos perguntar se não é precisamente esse desdobramento de vozes e imagens que se figura na duplicação da ação entre atores, marionetes e vozes microfonadas no início de *A morta*. Grande realização desse desdobramento está na passagem da *Vita Nova* — onde Beatriz, sujeito da imagem, não tinha voz — à *Commedia* — onde ela ganha voz e interpela o antes aparentemente exclusivo sujeito da voz, Dante (é o mesmo tipo de interpelação que fundamenta a contraposição de vozes de *A morta*). Aquilo — aquela — que parecia pura imagem, quase uma estátua, "figura morta", devolve o olhar — e fala. Essa comunidade interna ao sujeito poético é figurada na *Commedia* na forma de uma inspiração impessoal, ou extrapessoal, que se confunde com a figura mesma do Amor (que não é mais o deus pagão da *Vita Nova*, mas uma força que perpassa e move o universo):

[...] I' mi son un che, quando
Amor mi spira, noto, e a quel modo
ch'e' ditta dentro vo significando.[56]

O poeta, pois, como um "escrivão, que escreve fielmente sob ditado". Se o poema nasce de uma "experiência interior", esta, porém, não se confunde com nenhuma expressão de "sentimento pessoal"; para ser poeta, é preciso colocar de lado a própria "individualidade".[57] "Aqui", comenta Agamben, "o eu do poeta é desde o início dessubjetivado num genérico *um*, e é este *um* (algo a mais — ou a menos — que o 'exemplar universal' de que fala Contini) que, no ditado de amor, faz a experiência da indissolúvel unidade de vivido e poetado." Acrescenta ainda Agamben: "A unidade de poesia e vida não tem, neste nível, caráter metafórico: pelo contrário, a poesia nos importa porque o indivíduo [*il singolo*] que, no *medium* da língua, experimenta esta unidade leva a cabo, no âmbito da sua história natural, uma mutação antropológica a seu modo tão decisiva quanto foi, para o primata, a liberação da mão quando se pôs ereto, ou, para o réptil, a transformação dos membros que o transformou em pássaro".[58]

Não existe comunidade sem algo de impessoalidade e não existe comunidade politicamente relevante que esteja já constituída de uma vez por todas. Daí que o sujeito da comunidade, a começar, pode-se dizer, pela comunidade implícita em toda criação poética, e mais especificamente em todo poema, seja sempre um avatar ou uma prefiguração daquele "ser qualquer" que Agamben descobre no centro da "comunidade que vem".[59] "Ser qualquer", isto é: sujeito sem identidade fixa, sujeito aberto, sujeito cindido, sujeito dinâmica e incessantemente dialetizado, sujeito, em suma, dessubjetivado, voz-imagem sempre passível de transformação. Poucas figurações são mais ilustrativas dessa constituição complexa do sujeito da lírica como uma forma de comunidade do que o ato antropofágico que Dante colocou na origem de sua poesia, ainda que na forma de *visão*: diríamos hoje, de *ficção*. Oswald de Andrade demonstra uma profunda compreensão do que estava em jogo na passagem citada da *Vita Nova* — assim como na obra toda de Dante, que nasce do momento aí narrado — quando faz o seu "poeta", em *A morta*, definir-se como "o oposto de Beatriz... a raiz dialética de seu ser".[60]

Mas há mais um fato a ser considerado: na visão da *Vita Nova*, temos dois vivos figurados como mortos, numa espécie de jogo sério, porém, em que a posição do morto e a posição do vivo continuamente se alternam. Lembremos que Blanchot localiza a origem da comunidade na presença perante o outro que morre. Se a comunidade, afinal, existe precisamente para que um ser possa se colocar em questão (ou melhor dito: na forma de um ser que se coloca em questão), Blanchot pergunta-se:

> O que é [...] que me põe mais radicalmente em causa? Não minha relação comigo mesmo como finito ou como consciência de estar para morrer ou de ser para a morte [*conscience d'être à la mort ou pour la mort*], mas minha presença perante o outro quando este se ausenta ao morrer. Manter-me presente na proximidade do outro que se distancia definitivamente ao morrer, tomar para mim a morte do outro como a única morte que me concerne, eis o que me põe fora de mim e é a única separação que pode me abrir, na sua impossibilidade, ao Aberto de uma comunidade.[61]

Blanchot cita, então, uma frase de Bataille: "Se vê seu semelhante morrer, um vivente [*un vivant*] não pode mais subsistir senão *fora de si*". E continua: "A conversa muda [*entretien muet*] que, segurando a mão 'do outro que morre', 'eu' prossigo com ele, não a prossigo simplesmente para ajudá-lo a morrer, mas para *partilhar* a solidão do acontecimento que parece sua possibilidade mais própria e sua posse impartilhável na medida em que ela o desapossa [*dépossède*] radicalmente".[62]

A grande contradição irresolvida — irresolúvel — de Oswald em *A morta* talvez tenha sido opor uma comunidade de vivos a uma comunidade de mortos, quando o que está em questão na poesia — especialmente na lírica pós-dantesca (isto é, em alguma medida, em toda a lírica moderna) — é o modo de incidência da subjetividade na *comunidade de vivos e mortos* e vice-versa, até o ponto em que não reste mais também a distinção entre subjetividade e comunidade. Que é a antropofagia em geral — mas sobretudo nas versões dantesca e oswaldiana — senão um modo de romper esse dualismo? É precisamente na conexão entre vivos e mortos — essa comunidade extrema: primeira e última a um só tempo — que se funda a poesia lírica e, através dela, toda a literatura moderna, pelo menos desde Dante. A Antropofagia permite a Oswald continuar poeta, na medida em que renova a forma desse vínculo: não há mais submissão dos vivos aos mortos, mas o estabelecimento de uma verdadeira comunidade, uma comunidade ao mesmo tempo *radical* e *extrema*, em que todo fim sempre pode converter-se numa nova origem.

A morta foi escrita e publicada em 1937. Poucos anos depois, com os terrores da Segunda Guerra Mundial, Oswald não depositaria mais tanta confiança na figura dos "cremadores de cadáveres", que gritam nas ruas: "Queimemos os cadáveres que infestam a terra! [...] É preciso destruir os mortos que paralisam a vida".[63] Significativamente, ele começa de modo bastante diverso uma crônica publicada no *Diário de S. Paulo* em novembro de 1943 — isto é, em plena guerra —, na qual trata da queda de Mussolini e prevê o ressurgimento do fascismo sob novas vestes e a necessidade de combatê-lo sempre de novo: "A Terra inteira é um país ocupado. Ocupado pelas taras maléficas da reação e do atraso. Ocupado pelas forças subterrâneas e vivas da liberdade. Ocupado pelo denodo dos guerrilheiros que tudo sacrificam em prol de um amanhã melhor. Ocupado pelos mazorquistas do passado que ousam proclamar o saudosismo da anarquia para simbolizar a ordem pública. Ocupado pelos prisioneiros silenciosos e altivos que ensinam com o seu exemplo a confiar. Ocupado pelos mortos que construirão o futuro".[64] Oswald não está aqui muito distante daquele Walter Benjamin que, em 1940, às vésperas de seu suicídio diante do fracasso em escapar ao nazismo, escreveu, na segunda de suas teses "Sobre o conceito de história", que "um encontro secreto está [...] marcado entre as gerações passadas e a nossa".[65] Essa comunidade de vivos e mortos — a grande comunidade dos fantasmas, isto é, das imagens que sempre retornam, das "imagens sobreviventes"[66] — é o fundo de toda a poesia, se não de toda a obra, de Oswald.

Veja-se como no último capítulo de *Serafim Ponte Grande*, denominado "Os antropófagos", o protagonista já morto se faz ainda presente no navio amotinado na forma de um sujeito coletivo. Mas voltemos a ler também os "Poemas da colonização" de *Pau-Brasil*, que são antes de tudo *poemas da escravidão*. Cito apenas o poema "Levante":

> Contam que houve uma porção de enforcados
> E as caveiras espetadas nos postes
> Da fazenda desabitada
> Miavam de noite
> No vento do mato[67]

Não por acaso, num dos poemas do mais recente livro de Francisco Alvim, que é um dos escritores contemporâneos que melhor soube aproveitar a lição oswaldiana, o sofrimento do escravo no pelourinho — em alguma medida, um momento anterior àquele figurado em "Levante" — é apresentado como o fundamento mesmo da escrita poética. O poema se intitula "A mão que escreve", e talvez nele devamos notar, antes de tudo, a retomada da dialética acústica — que comporta oposição, complementaridade e difusão — entre o *grito* do escravo (que era o "miado" das caveiras) e o *ar* que a todos envolve (que era "o vento do mato"):

O tronco nu
contorce e grita
na flora oblíqua

O ar respira
a dúbia aragem
Na carne escura
a dor que surde

Aqui agora
tantos olhares
presos no lírio
do pelourinho

Látego e nádega
Um corpo cego
emparedado
na própria história

Ecoa vivo
o meio-dia
o ouro falso
da vida falsa

Fezes e mijo
Suor e sangue
Carne tão nossa

A mão apócrifa[68]

Figuração de uma *comunidade no horror*, como bem viu Priscila Figueiredo? Mas também *esperança de outra comunidade*, como percebeu a mesma crítica:

No pelourinho não está aprisionado apenas o tronco inerte como também a multidão que o contempla e o olhar interno do eu lírico: o projetor da cena e da imagem da escravidão, olho que não é testemunha e então fabula, para nossos olhos/ouvidos internos, a cena como espetáculo. Essa cena deve ser recuperada [...] como um chiado ininterrupto e, no entanto, disruptivo, que não dá descanso a quem escreve. No que é ininterrupto, embota a percepção, pois reproduz a história que não repara os sofrimentos que causou e se repete; no que é disruptivo, pode fazê-la avançar para além da estagnação em que a encontramos no poema "Meio do caminho", retomada ultraconsequente do poema mais famoso de Drummond.[69]

A *apocrifia* — isto é, a atribuição falsa de autoria ou a dúvida a respeito desta — é a forma mesma da escrita numa tal situação: "a mão que escreve" é sempre "mão apócrifa" na medida em que não coincide com o corpo que "contorce e grita", restando-lhe somente evocá-lo ou invocá-lo. "Carne tão nossa": inscrição para uma impossível comunidade, em que a "vida nua" ou o "ser vivo" tornar-se-iam figuras daquele "mínimo ético/ irredutível" que, arrancado por Francisco Alvim a um algo hipócrita discurso alheio, talvez ganhe positividade e efetividade no enlace entre "a mão que escreve" — "a mão apócrifa" — e o olho que lê e, na letra, segundo uma dialética sintetizada pelo próprio poeta ("Quer ver?/ Escuta"),[70] se põe a ouvir as vozes esquecidas. O que é a apocrifia, aí, senão outro nome para a antropofagia? Ou, ainda, para a própria — sempre *imprópria* — poesia? (Outro modo de dizer isso: não há "autógrafos" que não sejam "antropógrafos", sugeriu o poeta português Alexandre O'Neill, em engenhoso trocadilho, numa homenagem a Manuel Bandeira, isto é, aquele que foi, nas célebres palavras de Mário de Andrade, o "São João Batista da Nova Poesia".[71])

O copista canibal

O gesto fundamental de Raul Bopp como escritor talvez seja aquele de *passar a limpo*, que ele levou, não por acaso, ao título de um de seus livros (*"Bopp passado a limpo" por ele mesmo*). Gesto recorrente, obsessivo, por meio do qual ele como que se depõe da condição de *autor* — e do princípio de *autoridade* implícito na noção de *autoria* — para aspirar à condição menos conspícua de obstinado *copista* dos próprios textos.[1] Gesto estranho, desconcertante, mas, na verdade, condizente com uma poética que, em seus momentos de maior intensidade, sempre se mostrou solidária e aberta a posições periféricas e vozes subalternas. Quem melhor compreendeu esse gesto de Bopp foi José Lins do Rego, já em 1928, antes mesmo que ele publicasse qualquer livro: "Raul Bopp, às vezes, me escreve a lápis de cor, à máquina e em tinta preta. Tudo isso numa mesma carta e, quase sempre, sem assinatura. O poeta não faz isso para compor uma atitude. Faz assim porque, pelo seu feitio, não realizou ainda nada que tivesse, ao mesmo tempo, começo e fim. É um homem aos pedaços".[2] Pode-se dizer, sem exagero, que, seja em poesia, seja em prosa, Bopp, em alguma medida, passou décadas a reescrever sempre os mesmos dois ou três livros, por mais que sua bibliografia reúna número bem maior de títulos. Compreender as razões desse gesto — que, por sua contumácia, surpreende o leitor que percorra o conjunto da obra de ponta a ponta — é compreender a singularidade da escrita de Bopp e, com isso, a especificidade de sua inserção no quadro do modernismo brasileiro.

A trajetória editorial do poema pelo qual Bopp até hoje é mais conhecido — *Cobra Norato*, concebido a partir de 1921, escrito em 1928 e publicado pela primeira vez em 1931 — é exemplar desse anseio de permanente reescritura. São sensíveis as alterações que Bopp introduziu de uma impressão a outra. "É o mesmo poema e é outro", conclui Carlos Drummond de Andrade ao comparar as edições de 1937 e de 1947 e avaliar positivamente a "remanipulação artística do texto" que aí se observa (outros leitores, como José Paulo Paes, chegaram a juízos bem diversos, lamentando as modificações, que teriam posto a perder o *sabor* da primeira versão).[3] Drummond, que construiu a parcela mais significativa de sua obra na forma de uma deliberada absorção e superação dialética das matrizes formais e figurativas do modernismo de Mário e Oswald (mas também de Bopp, que se antecipou a estes, e foi mais constante que eles, na opção pelo olhar "primitivista"), elogia na revisão de *Cobra Norato* justamente o afastamento em relação ao padrão modernista de suposto descompromisso com as "obrigações literárias". Em suma, Drummond exalta precisamente o que seria uma estabilização tardia do texto originariamente transbordante ou, como disse Andrade Muricy, "aluvial".[4] Entrevê, portanto, na refundição do poema, uma *classicização* bem mais condizente com seu próprio momento poético em fins dos anos 1940 e inícios dos 1950 do que com o complexo percurso, não linear e não evolutivo, da poesia de Bopp.

Essa complexidade — ou emaranhamento — já está presente na composição originária do poema. Teuto-gaúcho de Tupanciretã, mas cidadão do mundo desde a adolescência, quando faz a primeira de muitas viagens, Bopp começou a esboçar *Cobra Norato* na época em que estudava direito em Belém, no início da década de 1920, quando em São Paulo o grupo modernista se constituía. Conforme relembra em depoimento retomado em vários livros seus, o poema nasceu sobretudo da "impressão da vida vegetal amazônica" ("um cenário completamente diferente, de uma violência desconcertante. [...] Era uma geografia do mal-acabado. As florestas não tinham fim"), que ganhou expressão ao se combinarem os mitos da região, ouvidos diretamente da boca do povo e depois reencontrados nas *Lendas em nheengatu e em português* de Antônio Brandão de Amorim, e os modelos poéticos do ultraísmo espanhol, que ele absorveu por intermédio de publicações emprestadas por um amigo paraense.[5] A redação final, a partir de esboços fragmentários, se deu em São Paulo, já em contato com os modernistas egressos da Semana, especialmente Tarsila do Amaral e Oswald de Andrade. Imbuído da imaginação mítica que a Amazônia, como paisagem natural e humana, lhe proporcionara, propôs uma nova variante para a lenda da Cobra Grande — como Mário de Andrade, pela mesma época, fez com o mito de Macunaíma, em sua "rapsódia" publicada em 1928. Com razão, diversos críticos já aproximaram as duas obras,[6] com base no jogo comum entre a voz do autor e as vozes do povo (da tradição viva ou sobrevivente) e nas correlações, em ambas verificáveis, entre a forma aberta do texto e as formas metamórficas do mito. Murilo Mendes, no "retrato-relâmpago" dedicado a Bopp, flagrou muito bem essa tendência do poema à abertura e à metamorfose: "Quem vem lá: igual a quem vem cá. Quem sai entra e vice-versa. O vice-versa funciona em todos os casos, números, pessoas".[7] Augusto Massi parece glosar as palavras de Murilo ao ressaltar, na esteira de Lígia Morrone Averbuck, a *montagem* como "princípio de composição" atuante não apenas no *Cobra Norato*, mas também no restante da obra, e recordar que trechos do poema foram publicados autonomamente antes e depois do livro: "os poemas se deslocam para dentro e para fora do livro, versos idênticos desembarcam em poemas diferentes, partes transitam livremente dentro do todo".[8] Estamos diante de uma "*forma elástica*", semelhante à pele da cobra estrangulada que é vestida como disfarce pelo protagonista.[9] Se essa elasticidade, essa capacidade — ou necessidade — de transformação, é constitutiva da escrita de Bopp, somente uma edição de sua poesia que englobe todas as variantes, sem que uma presumível última versão anule as anteriores, permitirá que o leitor perceba essa obra em toda sua inteireza e potência.

Na prosa de Bopp, essa elasticidade — esse jogo fatal e vital com a identidade e, não menos, com a propriedade, que seria também, em alguma medida, o jogo da Antropofagia — toma uma feição mais perturbadora. Mesmo um muito superficial exame comparativo dos seus livros em prosa mostra que, também nesse registro, o gesto de passar a limpo é fundamental, com a diferença de que, aqui, as variantes encontram-se menos no interior de cada trecho do que no modo de combinar fragmentos textuais, que são transportados de um volume para outro quase sem modificações, por vezes até mesmo na ordem original de publicação. Esse procedimento se verifica de maneira exemplar na passagem de *Movimentos modernistas no Brasil: 1922-1928*, que foi publicado originalmente em 1966 e sai agora em nova edição pela José Olympio, na coleção Sabor Literário, e *Vida e morte da Antropofagia*, de 1977, já reeditado pela mesma editora e na mesma coleção em 2008. De livro a livro, os mesmíssimos fragmentos são retomados exaustivamente, na maioria das vezes com alterações muito pontuais no fraseado (por exemplo: "Senti, ao chegar na Amazônia, que eu estava [...]" se torna "Ao chegar na Amazônia, senti que estava [...]"; "A madrinha do Movimento Antropofágico foi Tarsila" se torna "A Chefa do movimento foi Tarsila" — em ambos os casos, com o restante do capítulo permanecendo quase idêntico). Para complicar as coisas (e demonstrar que o gesto de passar a limpo, para Bopp, parece não ter início nem fim), *Movimentos modernistas* deriva, segundo assinala o próprio autor na abertura do volume, de duas conferências realizadas a convite do Instituto Brasileiro de Estudos Internacionais.[10] E, na outra ponta, trechos relativamente longos do livro seriam retomados, e redistribuídos em forma de versos, também naqueles que estão entre os últimos textos poéticos escritos por Bopp, os *Parapoemas*.

Em certa medida, *Vida e morte da Antropofagia* pode ser lido como uma versão depurada de *Movimentos modernistas no Brasil*. Em ambos, a matéria é a mesma: a reconstrução narrativa de um momento decisivo da vida cultural brasileira, do qual Bopp foi personagem importante, mas sobretudo espectador privilegiado que, por mais íntimo de seus protagonistas, soube preservar algum distanciamento — explicável talvez por seu contato relativamente tardio com o movimento (como o próprio Bopp sugere, sua Semana de Arte Moderna foi a Amazônia...[11]). Se em *Movimentos modernistas* Bopp se esforça para conferir certo aspecto de historiografia literária ao seu relato fragmentário, apoiando-se por vezes em esquematizações de críticos como Afrânio Coutinho e Wilson Martins e esbaldando-se em enfadonhas listas de nomes de autores e títulos de obras, em *Vida e morte da Antropofagia* ele deixa de fora tais elementos de menor relevância e concentra-se no que o livro anterior tem de melhor: os depoimentos pessoais sobre o que viveu e viu. Seu testemunho é valioso sobretudo porque em Bopp a memória jamais está centrada no eu, mas, sim, sutilmente deslocada para o ambiente circunstante. Nesse sentido, o segundo capítulo de *Movimentos modernistas*, "Uma subcorrente modernista em São Paulo: a Antropofagia" (que, retomado integralmente no livro de 1977, constitui o seu núcleo), é o instante de maior interesse do volume, já que trata de acontecimentos acompanhados de perto por Bopp — que não só foi gerente da *Revista de Antropofagia*, mas presenciou, e aqui reconta com detalhes deliciosos, a própria gênese da concepção oswaldiana de Antropofagia. Pode-se discordar da interpretação nacionalista que ele dá para a teoria de Oswald (tal interpretação é um equívoco persistente, que vai muito além de Bopp e surge sempre de um desentendimento profundo da cosmopolítica radical inerente à Antropofagia), mas não se pode prescindir de sua cronologia comentada de eventos efetivamente realizados e outros apenas programados (por exemplo, o Primeiro Congresso Mundial de Antropofagia, que se realizaria em Vitória em 11 de outubro de 1928), assim como de suas considerações sobre os "clássicos da Antropofagia" — os textos lidos pelos integrantes do movimento "com o fim de catar resíduos doutrinários" — e especialmente sobre o projeto (malogrado) de uma "Bibliotequinha Antropofágica", da qual *Cobra Norato* seria um dos volumes, ao lado de *Macunaíma* e outros tantos livros que não tiveram existência senão como ideias, e que, como tais, podem voltar a qualquer momento para fecundar o pensamento do presente. Pense-se, por exemplo, fora dos limites da "Bibliotequinha", naquela *Suma Antropofágica* que, segundo as anotações de Bopp, Oswald buscava elaborar: uma suma "de natureza essencialmente política", que "teria consistido em uma série de notas e advertências, que formariam um 'Tratado de Governo', isto é, como seria, no Brasil, um governo de formação antropofágica". É importante também, no raconto que Bopp nos oferece da Antropofagia, sua reivindicação da centralidade de Tarsila do Amaral, que por vezes fica eclipsada pela figura solar de Oswald, no movimento.[12]

A irrupção das formas selvagens

Muitas vezes — por exemplo, nas leituras simplistas dos currículos escolares — se viu *Macunaíma* como uma representação do "povo brasileiro" ou, ainda, disso que chamamos, com esperança ou ilusionismo, de "nação". Nessas leituras, o romance e seu protagonista são colocados em descendência mais ou menos direta do indianismo romântico e de suas idealizações da figura do indígena como componente inicial — e, por isso mesmo, logo suprimível: etapa étnica e histórica a ser inevitavelmente superada e enterrada — de uma construção teleológica, "*a* nação" que quer ser também, sem resíduos e dissonâncias, "*o* povo", sempre no singular.

O próprio Mário de Andrade, porém, já alertava para o equívoco de tais interpretações. Macunaíma, dizia ele, "não é símbolo", mas *sintoma* — "sintoma de cultura nossa". Quanto a isso, é preciso lembrar que Mário esteve entre os primeiros leitores brasileiros de Freud e que fez constantemente da psicanálise uma das bases do seu pensamento. *Macunaíma* pode ser dito sintomático, em linha freudiana, porque, nesse romance-rapsódia, Mário faz aflorar — sem abandonar, porém, em nenhum momento, o humor — a configuração persistentemente conflituosa, e mesmo trágica, da "*nossa* gente" e, portanto, da "cultura *nossa*". É, aliás, antes de tudo a pertinência e a propriedade de pronomes como *nós* e *nosso*, nos discursos sobre o Brasil e sua gente, que o autor coloca em questão com o seu livro, todo ele uma vasta remixagem paródica de vozes e fraseologias alheias, assim como uma contínua interceptação e deposição das formas (europeias) da literatura pelas formas (ameríndias) do mito.

Aliás, esse choque de formas provocado por Mário para a composição de *Macunaíma* encontra uma singular correspondência criativa no procedimento adotado por Luiz Zerbini ao produzir as monotipias que servem de ilustração a essa edição do romance:[1] nelas, não são as formas da mitologia, mas as formas da própria natureza — mais exatamente, da vegetação luxuosa e desconcertante dos trópicos, tão afim à imaginação exuberante dos criadores indígenas de mitos — que vêm se imprimir diretamente no papel, sem necessidade de desenho ou incisão (figs. 1-2). Temos aí um belo exemplo daquilo que Georges Didi-Huberman chamou de "semelhança por contato",[2] por meio da qual se desestabilizam as ideias convencionais acerca da mímesis como depuração idealizante do real e acerca da arte como exercício de soberania artística. Não se trata, em Mário e em Zerbini, de *imitar* os mitos ou as formas vegetais: trata-se, sim, de criar ocasiões propícias para que as formas "selvagens" abalem e desorientem as formas demasiadamente "sábias" (letradas, eruditas, consagradas). Não imitação, mas *impressão*; não idealização, mas *irrupção*.

Esse abalroamento das formas é condizente com os mundos em permanente estado de metamorfose que atravessam o romance: "Timbó já foi gente um dia que nem nós...". Mário explora, de modo brilhante, a dialética do mito e da literatura: se a literatura, por um lado, domestica o mito, por outro, o mito, mesmo apaziguado pela letra, revivifica a literatura. À luz do mito, por exemplo, as estrelas, que passaram a ser apreendidas através da ciência na modernidade, se tornam de novo "estrelas vivas", conforme a expressão do autor. Trata-se, sempre, de reencontrar o mundo como coisa viva: "Macunaíma sentou numa lapa que já fora jabuti nos tempos de dantes".

O caráter heterogêneo — e, mais do que heterogêneo, francamente compósito — do livro coincide com o caráter heterogêneo do personagem: ambos, romance e herói, são *montagens*, transformações e combinações de outros textos e de outras figuras do humano, e não só do humano: Macunaíma transpassa, com frequência, as fronteiras entre as espécies animais e vegetais, entre o orgânico e o inorgânico, entre a vida e a morte. Ler *Macunaíma* apenas como alegoria da formação nacional é não compreender toda a extensão do "nenhum caráter" postulado no subtítulo do livro (nenhum éthos — nem pessoal, nem coletivo — definido de uma vez por todas, mas, sim, um éthos mutante, deslizante e combinatório, menos carapaça metálica contra o mundo do que flutuante gambiarra vital). E é também não compreender que, à época de sua composição (1926) e publicação (1928), o modernismo brasileiro vivia já a sua grande crise interna, culminando na proposta oswaldiana da Antropofagia, cujo mote principal é uma variante radical do *nenhum-caráter* macunaímico: "Só me interessa o que não é meu".

Se pensarmos as obras dos grandes artistas provenientes do modernismo para além da métrica estritamente modernista, perceberemos que crucial, em suas trajetórias, é sempre o momento em que saltam por sobre os princípios definidores da primeira fase daquele movimento, cuja circunscrição política era não só nacional, mas, em alguma medida, nacionalista, para alcançar uma zona de pensamento e ação que é verdadeiramente cosmopolita e cosmopolítica. Com isso, a própria figuração das coisas brasileiras se altera de modo decisivo, e a violência constitutiva das sociedades das Américas (e não só do Brasil) vem à tona como não era possível nas idealizações modernistas, não apenas como conteúdo, mas também como forma.

Não por acaso, Oswald de Andrade reconheceu em *Macunaíma*, apesar de Mário jamais ter aderido àquele movimento, a grande realização literária da Antropofagia, isto é, da tentativa, por ele teorizada, de repensar a história do Ocidente (e do Cosmos) a partir da margem imprevista, extremo-ocidental mas também *pós-ocidental*, proporcionada pela "descoberta" (na verdade, invasão) da América pela Europa e pela irrupção desconcertante dos nativos do Novo Mundo na imaginação universal. Com a diferença importante, com relação a suas fontes filosóficas, como Montaigne e Rousseau, de trazer à cena não mais o "bom selvagem", mas o "mau selvagem", livre da sombra da catequese católica e capitalista, capaz de colocar tudo o que existe sob o signo da devoração, que é sempre *entredevoração*: esse é, aliás, o pulo do gato do canibalismo ameríndio, onde comer o inimigo é não mera destruição e assimilação de um outro corpo, mas, antes de tudo, um modo de experimentar o ponto de vista do inimigo sobre todas as coisas, especialmente sobre si (é o que Eduardo Viveiros de Castro chama de "imanência do inimigo"[3]). Modo, também, de experimentar a multiplicidade fundamental do mundo, que não cabe em qualquer forma do Um (nação, identidade, *o* homem, *o* ser etc.).

Por isso que, em *Macunaíma*, a rigor, não há povo (único, maior), mas *povos* (plurais, menores). Povos: "nossa gente". O herói é, a um só tempo, índio e negro: *tapanhuma* é, segundo o narrador, o nome de sua tribo, e essa designação equívoca remete simultaneamente ao nome dado pelos Tupi aos negros escravizados e ao nome de uma etnia indígena — porém, do Mato Grosso, muito longe do rio Uraricoera em cujas margens Macunaíma teria nascido. O próprio Mário, recordando a condição indígena de seu protagonista e seu nascimento na fronteira entre Roraima e Venezuela, assinala que Macunaíma é tão brasileiro quanto venezuelano. As terras indígenas, como se sabe, cabem mal nos territórios nacionais, e também, assim, os seus filhos. Uma Nação (maiúscula: i.e., corroborada por um Estado) nunca sabe o que fazer com as muitas nações (minúsculas: i.e., precedentes e, sobretudo, antagônicas à forma-Estado[4]) cuja persistência intrépida e improvável ela vê como insistentes instâncias de interpelação e questionamento, a produzir perigosas (do ponto de vista da máquina estatal e mercadológica, esse inimigo sem troca de pontos de vista) experiências de outras possibilidades de vida e ação.

Se a história de Macunaíma revela-se, ao fim, a história de um massacre (os genocídios indígena e africano, ambos ainda em curso, são sintetizados no episódio da tribo extinta), é também, antes e depois do fim, a história de um desejo de sobrevivência e libertação, de quem, diante da morte e do "silêncio imenso" que ela deixa, tem força de dizer que não veio ao mundo "para ser pedra" — e que, assim, se faz *canto* e *constelação*. Isto é: voz do que não tem mais voz, imagem do que não tem mais imagem.

Figs. 1-2: Luiz Zerbini, ilustrações para a edição de *Macunaíma, o herói sem nenhum caráter*, de Mário de Andrade (São Paulo: Ubu, 2017).

O apocalipse das imagens

Mário de Andrade foi um colecionador de imagens, tanto suas — os desenhos e fotos que produziu ao longo da vida — quanto alheias — obras brasileiras e estrangeiras, dos mais variados gêneros, formatos e técnicas, que foi adquirindo ou ganhando de presente. Essa coleção encontra-se atualmente sob a responsabilidade do Instituto de Estudos Brasileiros da Universidade de São Paulo (IEB-USP),[1] e a própria casa em que Mário viveu por muitos anos foi transformada em museu, reunindo, entre objetos pertencentes ao escritor, réplicas de algumas daquelas imagens. Vale lembrar que também a obra literária de Mário tem sido recriada imageticamente com notável frequência, seja em capas ou ilustrações dos livros, seja em telas e outros suportes pictóricos, seja em filmes, peças de teatro ou desfiles de carnaval (não esqueçamos que a dimensão performática é também uma dimensão da imagem), ou ainda em quadrinhos, instalações, vídeos etc. Podemos ver, nesse conjunto de recriações ou variações que são, antes de tudo, explorações das potencialidades da obra de Mário de Andrade, uma segunda coleção de imagens que, somada àquela outra, a dos papéis e telas efetivamente reunidos pelo escritor, nos conduz a uma série de indagações sobre os lugares ocupados pelas imagens no cruzamento de pesquisa histórica e antropológica, reflexão crítica e criação literária que singulariza esse autor: podemos depreender daí alguma teoria da imagem? Essa teoria da imagem, se existir, guiou a concepção e realização dos seus livros? Um livro como *Macunaíma* pode ser lido como um *museu imaginário* ou, segundo outro paradigma, como um *atlas de imagens*?[2] Podemos extrair daí algum modelo para a renovação do modo como compreendemos as imagens? O corpo selvagem, que *Macunaíma* busca apreender sem domesticar de todo,[3] cabe nos espaços (físicos e imaginários) reservados convencionalmente às imagens ou nos obriga a alargar, extrapolar ou mesmo explodir tais espaços? Não espero, aqui, oferecer respostas a essas perguntas — mas, pelo contrário, gostaria de alongá-las, gostaria de fazer com que se desdobrem em outras tantas questões.

Numa carta datada de 29 de outubro de 1929, Carlos Drummond de Andrade informa a Mário de Andrade que Pedro Nava ilustrara um exemplar de *Macunaíma* para depois enviá-lo ao autor.[4] Na sua resposta, de 19 de novembro, Mário diz: "Fiquei desesperado pra ver o *Macunaíma* ilustrado pelo Nava. Sempre secretamente desejei ver interpretações alheias dum livro que tem um lado objetivo tão fortemente visível como *Macunaíma*".[5] O exemplar só seria enviado por Nava a Mário alguns anos depois. Traz oito ilustrações a guache, que ocupam as páginas deixadas em branco na edição, por vezes se sobrepondo aos títulos de capítulos.

Os termos da carta de Mário a Drummond, no tocante às ilustrações, pedem atenção. O *desejo* de "ver interpretações alheias" do *Macunaíma*, sugere Mário, nasce justamente do fato de que o seu livro "tem um lado objetivo tão fortemente visível". Dito de outro modo: o desejo de ver as ilustrações de Nava não vem de nenhuma necessidade de suprir qualquer falta de imagens no livro (embora, de fato, a primeira edição não seja ilustrada, a não ser pelo epitáfio figurativo que aparece no segundo capítulo[6]), mas, pelo contrário, nasce do fato de que o livro possuiria uma visibilidade intrínseca, sua escrita seria também, em alguma medida, desenho ou pintura: produziria imagens. Não se trata, em suma, de tornar visível o até agora não visível ou pouco visível, mas, sim, de proliferar as formas de visibilidade: multiplicar as imagens, redesenhar os desenhos, recriar as criaturas, redesignar os seres. Proliferação essa que, aliás, não somente tem muito a ver com a história que se conta em *Macunaíma*, como também converge com uma série de práticas dos modernistas brasileiros que poderíamos talvez compreender como sendo expressões de um *desejo de variação*. Penso, por exemplo, nas obsessivas retomadas dos mesmos textos por Raul Bopp[7] ou, ainda, na nota que Oswald de Andrade fez anteceder o *Serafim Ponte Grande*: "Direito de ser traduzido, reproduzido e *deformado* em todas as línguas".[8]

Não é, portanto, um dado externo ao *Macunaíma*, mas, sim, um desdobramento de sua própria vocação múltipla e multiplicadora, que este nos chegue hoje menos como uma obra individual do que como uma coleção de textos e imagens — uma enciclopédia, uma biblioteca, uma coleção, um museu, um *Bilderatlas*... Não podemos esquecer que o próprio texto do *Macunaíma* é marcadamente compósito, uma colagem ou montagem de palavras e imagens das mais variadas fontes. Pode-se conceber esse livro de Mário de Andrade, portanto, como uma espécie de filtro ou tela que liga uma multiplicidade preexistente — a vasta coleção de imagens e textos mobilizados pelo autor — a uma multiplicidade vindoura — todas as reinterpretações do personagem e de suas peripécias por artistas subsequentes. Se Lévi-Strauss, a propósito do Édipo, pôde dizer — tendo em vista sobretudo a reinterpretação tardia do mito edipiano por Freud — que "todas as versões [do mito] pertencem ao mito",[9] podemos acrescentar, a propósito do *Macunaíma*, que todos os cantos e recantos, assim como todas as visões e revisões, perfazem a rapsódia (aliás, forma aberta e improvisada por excelência). Impossível, quando relemos hoje o *Macunaíma*, esquecer a cena do seu nascimento protagonizada por Grande Otelo no filme de Joaquim Pedro de Andrade (figs. 3-4). É a tal representação cinematográfica, mais do que ao próprio *Macunaíma* de Mário (mas só porque Grande Otelo é agora também parte do *Macunaíma* de Mário), que remetem reinterpretações mais recentes como as do diretor teatral José Celso Martinez Corrêa numa sessão de fotografias ou do pintor Daniel Lannes.

Pode-se afirmar que, em *Macunaíma*, tão importante quanto o trabalho com a linguagem, é o trabalho com a imagem. Haroldo de Campos, a propósito da composição do livro, falou em "imaginação estrutural".[10] A própria lógica das ações, como demonstra Haroldo a partir de uma leitura baseada em Propp (mas também em Jakobson e Barthes, entre outros), forma algo como um diagrama ou ideograma — isto é, uma imagem.[11] Muito antes de Haroldo de Campos, porém, Nestor Victor — a despeito de todos os seus preconceitos contra alguns aspectos do modernismo brasileiro — já tinha feito uma precisa descrição do *Macunaíma* em termos de imagens:

> Mario empresta a Macunaíma, seu herói, mais à gente de Macunaíma, mãe, amantes, irmãos etc., o processo onírico, isto é, um modo de pensamento regressivo. Ele é próprio à criança como à gente primitiva; aqui, porém, é levado ao seu último grau.
> Como nós sonhamos à noite, assim vivem os seus personagens de dia. Tudo em torno desses imaginados seres é sonho e sonho.
> Com eles parece que se realiza a existência na quarta dimensão suspeitada pelos einsteineanos. Aquela em que pode ser que vivam os espíritos... Para essa fauna supostamente humana o espaço e o tempo a que vivemos sujeitos

não existem. De um instante para outro eles se transportam a distâncias enormes. Além disso, comem ou são comidos, mas daí a pouco voltam ao que eram. Passam por surpreendentes metamorfoses: de um piaba surge um príncipe; um gigante vira besouro.[12]

Vale frisar que essa caracterização — a que já retornarei nos detalhes — é feita no âmbito de algo como uma profecia histórica sobre o papel do índio na formação e no destino do povo brasileiro:

> [...] com o índio vivemos na América, e a vida comum estabelece um interesse forçoso. O índio, autóctone ou imigrado, deste continente recebeu o cunho, como nós não o receberemos tão cedo. Mas, um dia virá em que o tenhamos, e aí, mais do que nunca, representando uma humanidade nova, dele seremos irmãos, a ele identificados até nos nossos característicos somáticos. [...] Impõe-se [...] uma certa solidariedade entre nós e esses primitivos habitantes da terra que lhes tiramos, se não somos estúpidos a ponto de descrer dos nossos próprios destinos remotos.[13]

Como nota Nestor Victor, tanto a Antropofagia quanto especialmente Mário de Andrade retomam a linha suspensa do indianismo romântico, mas de um modo todo outro: "Tratando o assunto inteiramente pelo avesso. Gonçalves Dias, Alencar idealizaram o índio? Pois ele [Mário] antes de tudo pô-lo sem caráter nenhum desde o título".[14] A chave para essa desidealização é a reproposição da figura do índio através da crítica psicanalítica da civilização, o que, porém, segundo Nestor Victor, poria em risco a concretização daquela profecia histórica de convergência dos povos que o "neoindianismo" modernista anunciava: "O índio, visto com tão furioso freudismo, torna-se um símbolo antecipado da nossa segura bancarrota como povo no correr dos séculos".[15]

Ora, podemos ler as considerações de Nestor Victor a partir do tipo de procedimento que ele detecta no trabalho dos modernistas sobre os indianistas românticos: tratando-as *pelo avesso*. Nesse sentido, podemos dizer que não está em questão, em *Macunaíma*, "nossa segura bancarrota como povo no correr dos séculos", isto é, nenhuma bancarrota por vir, mas, sim, se quisermos insistir nos termos do próprio crítico, *a bancarrota como origem*. *Macunaíma*, afinal, não é "símbolo", como disse o próprio Mário de Andrade, mas *sintoma*[16] (Nestor Victor não erra ao assinalar a perspectiva freudiana do autor) — e, quando se fala em sintoma, é também de um *patrimônio quebrado* (significado original de *bancarrota*), isto é, de *ruína*, que se está falando. O mesmo Mário de Andrade, num poema de celebração do Carnaval carioca dedicado a Manuel Bandeira, usa a fórmula "ruínas de linhas puras"[17] para se referir a algo como a sublimação possível e a inscrição no presente do processo brutal de formação da sociedade brasileira a partir do extermínio dos povos ameríndios e da escravização dos povos africanos — não por acaso, aliás, protagonistas imaginários e efetivos dos festejos carnavalescos. Sublimação e reinscrição, vale frisar, sem anulação das cicatrizes — ou não seriam "ruínas". Relendo pelo avesso o que Nestor Victor escreveu sobre a imaginação no *Macunaíma*, podemos supor que a adoção do "processo onírico" como princípio compositivo fundamental do livro — sobretudo na forma extremada com que esse processo é aqui mobilizado ("levado a seu último grau") — é não só uma forma de frisar a preponderância, aqui, da imaginação noturna e selvagem sobre a falta de imaginação diurna e civilizada, mas também do modo de vida indígena sobre o modo de vida do colonizador que aos poucos se fez brasileiro para melhor dar continuidade ao trabalho da colonização (que não cessa, tanto quanto também não cessa a resistência, a "descolonização"). Não por acaso, o predomínio da imaginação, no *Macunaíma*, é também a primazia da *metamorfose* contra a fixidez ontológica, é a ruptura das barreiras espaciais e temporais contra o aprisionamento metafísico no presente, é o reino da sobrevivência contra a inevitabilidade da morte. Todos esses gestos intrínsecos ao *Macunaíma* são igualmente modos de superação do humanismo: "essa fauna supostamente humana", diz Nestor Victor, com compreensão brilhante do que aqui está em jogo (mesmo que à revelia do que ele mesmo porventura pensasse sobre tal tópico).

Antônio Bento, comentando as ilustrações que Carybé fez para o *Macunaíma*, vê no livro de Mário menos a criação ou reiteração de uma comunidade imaginária que coincidisse com os mitos brasileiros de nação do que uma cesura ou uma quebra em tais discursos:

> Quando o Brasil tiver, dentro de poucos anos, uma população de duzentos milhões de habitantes, sua hegemonia, em matéria linguística, irá acentuar-se cada vez mais. E aí ficará constatada concretamente sua projeção no terreno artístico, em relação à antiga comunidade luso-afro-brasileira. O mestre paulista anteviu ainda jovem esta realidade. Foi por isto que ele escreveu o *Macunaíma* utilizando-se da linguagem corrente do país. E foi igualmente por esse motivo que tomou como modelo do brasileiro comum, a ser retratado, um silvícola do extremo norte da Amazônia e não um mulato ou mestiço do português com negro ou ameríndio.[18]

Não se trata, porém, de buscar *o mais genuíno*, tampouco *o mais originário*, a não ser, talvez, no sentido benjaminiano de uma origem (*Ursprung*) que é também salto (*Sprung*) e redemoinho (*Strudel*) — e que, instalado em meio ao fluxo da história (o Uraricoera, o Amazonas, o Madeira, o Tietê, segundo a hidrografia de Mário), traz à tona os materiais da gênese e leva para o fundo as formas do presente, produzindo aquelas configurações heterocrônicas e heterológicas de que o modernismo brasileiro, sobretudo em meio ao abalo antropofágico, está repleto. Coincidentemente, Benjamin elabora essa proposta num estudo que, embora escrito três anos antes, só foi publicado no mesmo 1928 do *Macunaíma*.[19]

Por sinal, Antônio Bento compreendeu como poucos que a história que *Macunaíma* conta é, sobretudo, a história de um extermínio:

> Não desapareceu somente a tribo dos tapanhumas ou tapanhunas (silvícolas escuros), da qual o herói descendeu. O escritor deixa mesmo antever o final dramático da totalidade dos índios brasileiros, no remate de sua história.
>
> Todos vão morrer, sem escapar nenhum deles, com a fatalidade das coisas irremediáveis. [...]
>
> Estão se extinguindo em massa, já agora rápida e irremediavelmente, estes nossos irmãos, vindos dos tupis, guaranis, jês, aruaques ou caribes, não importa o tronco dos seus clãs.
>
> Foi um papagaio que contou as desgraças acontecidas no Uraricoera. A terra tornara-se um "deserto tamanho", no qual foram mortos "os peixes e os passarinhos de pavor e a própria natureza desmaiara e caíra num gesto largado por aí".
>
> Será que também a Amazônia acabará assim, transformada toda num *deserto*? O seu desmatamento progressivo é uma trágica realidade.[20]

Não parece haver espaço para os indígenas num Brasil que, segundo Antônio Bento, prometia virar no futuro "potência mundial".

Desgraçadamente, serão os antropólogos brasileiros, o ilustre Darcy Ribeiro e outros, que ficarão repetindo tristemente, à maneira do papagaio de bico dourado, os males que estão levando os nossos índios ao extermínio. Todos eles vão desaparecer, com a sua alegria de viver, seus cocares de plumas coloridas, suas belas máscaras, seus tembetás de lindas pedras verdes, seus objetos bem-feitos, suas vistosas pinturas corporais, suas falas, seus cantos, músicas, danças e mitos. Toda a sua cultura vai ser extinta![21]

Mário de Andrade é, para Antônio Bento, o "profeta" do "apocalipse dos brasilíndios".[22] Mas, podemos dizer, é ao mesmo tempo o poeta das sobrevivências inquietantes e das persistências perturbadoras. E antes de tudo: da vida que é incessante metamorfose.

À luz dessa complexidade, ganha mais força a imagem de abertura da série de Carybé: "pode ser encarada como uma síntese de seu contexto. Contém de fato uma visão sumária da rapsódia, quando os índios viviam felizes, no seio do Mato Virgem, tornando-se, ao mesmo tempo, uma narrativa simbólica do sacrifício do herói".[23] Afinal, Macunaíma aparece já morto sobre as pernas de Venceslau Pietro Pietra no centro da ilustração (fig. 5). Frisar o caráter apocalíptico do livro de Mário é, para o crítico, também frisar a sua atualidade e o seu expressionismo. Atualidade que, porém, não cancela os anacronismos, pelo contrário, os convoca:

> Tinham de ser expressionistas os desenhos destinados ao livro de Mário de Andrade, que é por sua vez uma obra filiada de preferência a esse movimento, talvez o de maior importância artística neste século, dadas as convulsões sociais que a Humanidade vem atravessando. [...] Às vezes, Carybé parece ter tido a tentação de evocar algo das antigas

estampas europeias, que ilustraram os livros de Jean de Lery e Hans Staden, pioneiros na descrição da vida e dos costumes dos brasilíndios. Apesar disso, creio que a similitude resultou mais da temática do que do traço do artista. Este é mais expressionista do que arcaico, na representação dos ambientes indígenas, com aves e bichos do Brasil.[24]

Expressionismo é outro modo de nomear, aqui, um estilo apropriado a matéria tão complexa e sobretudo tão perpassada por tensões internas. Diante da ilustração de Carybé para o capítulo "Ursa Maior" (fig. 6), justamente o capítulo em que Macunaíma é despedaçado, Antônio Bento, indeciso sobre como interpretar uma das figuras desenhadas ("Em cima, Vei, a Sol, dardeja vitoriosamente seus raios e ostenta satisfação em face da tragédia, com sua cabeça humana, sustentada por um corpo de mulher. Seria este corpo o da própria Vei ou de sua filha, rejeitada pelo herói?"), observa que o que importa, para além de qualquer definição, é que se trata de "uma figura antropocosmológica".[25] E assim, dá ele uma chave para compreendermos a dificuldade que se apresenta para qualquer um que se proponha ilustrar o livro de Mário de Andrade. Mesmo as figuras mais triviais são também, em alguma medida, *figuras antropocosmológicas*: em todas elas, o humano e o mais-que-humano (mas também o menos-que-humano) se dão a ver como combinação complexa. Antropologia e cosmologia, numa obra como *Macunaíma* (assim como nos mitos que lhe deram origem), são uma só. Isso apenas se torna mais explícito na transformação final do personagem Macunaíma na constelação da Ursa Maior. Essa transformação é, na verdade, menos uma extrapolação do que um reencontro do personagem com sua vocação cósmica.

Uma teoria da imagem a partir de Mário de Andrade tem no ensaio intitulado "Do desenho" um ponto decisivo. Num texto posterior, uma resenha de um livro de contos do pintor Luís Jardim, publicada em 21 de maio de 1939, Mário faz uma síntese daquele ensaio, deixando claro, de início, o caráter experimental do seu pensamento (e devemos ter em vista sempre esse caráter experimental quando buscamos depreender dos textos de Mário uma teoria; a teoria, afinal, não precisa suprimir essa experimentalidade de origem):

> Outro dia, num artigo, como faço frequentemente, joguei algumas ideias meio extravagantes no papel, ideias de que não tenho muita certeza não, só pra ver as reações que despertavam e o destino que teriam na sua luta pela vida. Falava sobre a natureza do desenho e insisti sobre o seu caráter antiplástico. Com efeito, me parece que o desenho, por se utilizar do traço, coisa que já Da Vinci reconhecia não existir no fenômeno visual; por ser uma composição aberta e não fechada, como são pintura, escultura e arquitetura, isto é, não exigir aquelas correlações absolutamente primordiais de volumes, luzes, cores, ritmos etc.; e finalmente por ter a sua validade imediatamente condicionada ao assunto, exigência que não se dá com as outras artes plásticas: o desenho é na realidade mais uma caligrafia, mais um processo hieroglífico de expressar ideias e imagens, se ligando por isso muito estreitamente às artes da palavra, poesia e prosa.[26]

No próprio ensaio "Do desenho", Mário dizia que o desenho "é essencialmente uma arte intelectual"[27] e que, do discernimento do "caráter antiplástico do desenho" (e portanto de sua contraposição fundamental à pintura e às demais artes visuais), podemos depreender algumas conclusões importantes:

> Ele é, ao mesmo tempo, um delimitador e não tem limites, qualidades antiplásticas por excelência. Toda escultura,

toda pintura, sendo um fenômeno material, nos apresenta um fato fechado, que se constrói de seus próprios elementos interiores, inteiramente desrelacionado com o que para a estátua ou para o quadro seria o não-eu. Os limites da tela, por exemplo, representam para o quadro uma verdade infinitamente poderosa, que se impõe tanto como a disposição dos volumes e das cores, que o pintor escolherá para o seu assunto. [Por sua vez,] o desenho é, por natureza, um fato aberto. Se é certo que objetivamente ele é também um fenômeno material, ele o é apenas como uma palavra escrita. Nós temos dados positivos para saber que, de fato, foi do desenho que nasceu a escrita dos hieroglifos. Não sabemos como se originou a pintura, mas é muito mais provável que a sua primeira conceituação no espírito humano tenha provindo dos rabiscos rituais, em preto, em vermelho, em branco, com que todos os povos primitivos se enfeitam no corpo, para os cerimoniais.[28]

Fundamental, portanto, no desenho é "desconhece[r] o elemento instintivo da moldura". O desenho, portanto, aparece aí como uma espécie de figura da liberdade:

Um quadro sem moldura pede moldura; está sempre de alguma forma emoldurado pelos seus próprios e fatais limites de composição fechada. Ao passo que colocar moldura num verdadeiro desenho, que só participe da sua exata natureza de desenho, é uma estupidez que toca as raias do vandalismo. Os amadores do desenho guardam os seus em pastas. Desenhos são para a gente folhear, são para serem lidos que nem poesias, são haicais, são rubais, são quadrinhas e sonetos.[29]

E há mais:

> O verdadeiro limite do desenho não implica de forma alguma o limite do papel, nem mesmo pressupondo margens. Na verdade o desenho é ilimitado, pois que nem mesmo o traço, esta convenção eminentemente desenhística, que não existe no fenômeno da visão, nem deve existir na pintura verdadeira ou na escultura, e colocamos entre o corpo e o ar, como diz Da Vinci, nem mesmo o traço o delimita. Desenha-se um perfil, por exemplo, e o traço para em meio, ao chegar no colo, ou na raiz da cabeleira. Risca-se a expressão de u'a mão, a que um braço não continua; ou o movimento que fez agora este cabrito. E o cabrito não se apoia num chão.[30]

Talvez o que importe aí seja precisamente *a dialética entre o ilimitado e a mão*, entre o cósmico e o antropológico, como razão de base do que é *definitivamente inacabado* — definitivamente inacabado, aliás, tão característico das poéticas da modernidade. Que a mão, tão humana, seja capaz do ilimitado, que a mão possa fundar, num gesto simples, o sem-limite, parece ser uma das sugestões desse ensaio. Assim como é importante a observação final de que o desenho encerra um tipo de sabedoria congenial à sabedoria "eminentemente transitória" dos provérbios — portanto, também congenial à sabedoria da poesia — e que se opõe a toda "verdade eterna, filosoficamente provável".[31] Em *O banquete*, espécie de suma derradeira de sua estética, Mário examinará o desenho a partir do "valor dinâmico do inacabado", o qual, na sua visão, está ligado ao que chama de "arte de combate político" — e que ele diferencia da arte política convencional, no dizer da época, reproduzido por Mário, "arte proletária" ou "arte de tendência social". Para Mário, é, antes, a própria "técnica" que é decisiva na configuração de uma política da arte:

> Existem técnicas do acabado, como existem técnicas do inacabado. As técnicas do acabado são eminentemente dogmáticas, afirmativas sem discussão, *credo quia absurdum*, e é por isto que a escultura, que é por psicologia do material a mais acabada de todas as artes, foi a mais ensinadora das artes ditatoriais e religiosas de antes da Idade Moderna. Bíblias de pedra... Pelo contrário: o desenho, o teatro, que são as artes mais inacabadas por natureza as mais abertas e permitem a mancha, o esboço, a alusão, a discussão, o conselho, o convite, e o teatro ainda essa vitória final das coisas humanas e transitórias com o "último ato" são artes do inacabado, mais próprias para o intencionismo do combate. E assim como existem artes mais propícias para o combate, há técnicas que, pela própria insatisfação do inacabado, maltratam, excitam o espectador e o põem de pé.[32]

Portanto, para além de uma questão meramente artística, a antiplástica subjacente a essa teoria do desenho — o que nela entra e o que tem de ficar de fora dela — pode ser vista também como parte de uma mais ampla teoria da ação, ou como quer que a chamemos: uma teoria da política, talvez? Pedro A. H. Paixão nos permite ver melhor isso: quando nota, com apoio em Giorgio Agamben, que o desenho, ao passar de *circumscriptio* a *dispositio* (e esse trânsito, podemos acrescentar, é constante e nunca se completa: desenho é o que se faz nessa passagem e o que faz essa passagem), traz em si uma ideia de economia e, sobretudo, de separação entre os planos humano e divino.[33] Essa ideia é a base da noção de governo, o que faz com que a estrutura do Estado — a burocracia — ganhe a forma de uma espécie de replicação terrena da estrutura celeste: a hierarquia dos anjos, como se sabe, é o modelo da hierarquia dos burocratas.[34] Ora, tais constatações se complicam mais um pouco se lembramos que o próprio Mário de Andrade, por exemplo em carta a Carlos Drummond de Andrade, fez questão de frisar que estava menos interessado nas *obras* do que nas *ações* — assinalando, aliás, que *Macunaíma* nascera precisamente desse privilégio da ação com relação à obra: "Vocês inda estão convencidos que estou fazendo obras enquanto não faço senão ações".[35] Ou ainda se lembramos que ele também foi, com constância comparável à de suas atuações como escritor e intelectual, um homem de Estado ou, mais exatamente, um *homem de governo*. "Me esqueci completamente de mim, sou um departamento de cultura", escreve numa carta famosa.[36]

Porém, o mais importante talvez seja perceber como a obra artística de Mário — e, também, sua atuação intelectual mais ampla — não existe em contradição com sua atuação como homem de governo, mas, sim, ganha forma como tensão intrínseca entre as tendências ao governo e ao desgoverno, entre as tendências à hierarquia e à anarquia. Não se propõe aqui a redução de qualquer uma dessas tensões às outras — mas que se leia a trajetória global de Mário de Andrade, a partir das imagens e de sua teoria das imagens (abarcando nestas um conjunto de práticas heteróclitas, embora em algum ponto convergentes), como uma trajetória em que, mais do que a adesão a um polo ou outro, a uma prática ou outra, a uma perspectiva ou outra, o que importa parece ser a estruturação sempre polar e tensa do seu pensamento e de sua escrita. Não dá para reduzir obra a Estado e ação a arte, ou vice-versa: o que interessa é perceber que, de um ponto a outro da trajetória de Mário, seu trabalho é atravessado por essas tensões que jamais se resolvem e que se tornam produtivas — ao mesmo tempo que às vezes desesperadoras para o autor — à medida que não se resolvem. E, de fato, a certa altura de *O banquete*, Mário, pela boca de um de seus personagens, faz o elogio da "arte-ação" — hífen que é aí decisivo como sinalização de uma dialética cerrada e indecidível.[37]

Note-se, ademais, que essa dialética entre desenho e pintura, como versão poética de dialéticas políticas mais amplas, volta a se propor em vários outros artistas, modernos e contemporâneos. Nuno Ramos, por exemplo, contrapõe o princípio subtrativo do desenho ao princípio cumulativo da pintura. Conforme anotou Noemi Jaffe numa conversa com o artista: "Me diz que desenhar é saber parar, ao passo que pintar é continuar, ir somando, juntando".[38] Porém, apesar dessa delimitação, os próprios desenhos de Nuno Ramos estão sempre sendo invadidos pela pintura. Porque neles, como no *Macunaíma*, o que está em questão é a irrupção imprevista de deuses (e de demônios) neste mundo de cá, neste nosso *aquém*, como fica evidente em séries como *Anjo e boneco* ou *Verme anjo* (figs. 7-8), ou ainda *Proteu*, *Confissões de uma máscara*, *Munch*, *Schreber*, *Trigo/Corvos* ou *Rocha de gritos*.

Pensar a dimensão da imagem em Mário de Andrade, pensar a produtividade que os museus imaginários ou os atlas de imagens (para retomarmos uma distinção que Didi-Huberman faz ao contrapor outro homem de Estado que foi também artista, André Malraux, a um homem de cultura que, numa outra época, a nossa, provavelmente seria visto mais facilmente como artista do que como historiador, Aby Warburg) têm em sua obra, é pensar também esses vínculos que a imagem estabelece com uma teoria da ação e da política. Mas é antes de tudo perceber como, por trás de cada imagem singular, há um museu ou um atlas pressupostos — o que é um modo de dizer que em toda singularidade pode haver uma multiplicidade implícita (outra intuição política).

Há, quanto a isso, alguns exemplos importantes na trajetória de Mário. O primeiro é a única imagem propriamente dita — isto é, independente de palavras — que aparece no *Macunaíma* nas edições não ilustradas: é o epitáfio figurativo que Maanape gravou na pedra sob a qual Macunaíma e os irmãos enterraram a mãe (fig. 9). Sobre essa imagem, escreve Telê Porto Ancona Lopez numa nota da edição crítica:

O litógrafo criado dentro do procedimento modernista da colagem, aqui visando ao realismo que valoriza a arte indígena ligada à magia e ao passado arqueológico brasileiro, recaptura, no desenho central, inscrição às margens do rio Japurá, no Pará, exibida por Debret na *Voyage pittoresque et historique au Brésil*, prancha 30 — "Sculpture en creux" (Paris, Firmin Didot, 1839, Bibl. MA). A ele se associam a inscrição misteriosa, desenho abstrato, e a formiga, esta tirada do traço atual indígena ou de documento rupestre, do tipo dos que foram divulgados por Koch-Grünberg, Von den Steinen, Spix e Martius ou Alencar Araripe.[39]

A imagem aparece aqui como signo de ligação com os mortos: mas ligação através de uma enciclopédia que é também uma coleção.

O segundo exemplo é um curioso autorretrato textual com que abre uma carta a Tarsila do Amaral. Esse autorretrato ganha ainda mais significado se sabemos que, na sua coleção de obras de artes plásticas, Mário guardava mais de quarenta retratos seus. Se examinamos essa coleção dentro da coleção, percebemos logo uma nítida contraposição entre alguns deles e outros, a partir da liberdade maior ou menor do traço e do material com relação à semelhança. Existe uma afirmação apócrifa, atribuída por Flávio de Carvalho a Mário, que daria conta dessa oposição: "Quando olho para o meu retrato pintado pelo Segall, me sinto bem. É o eu convencional, o decente, o que se apresenta em público. Quando defronto o retrato feito pelo Flávio, sinto-me assustado, pois vejo nele o lado tenebroso da minha pessoa, o lado que eu escondo dos outros" (fig. 10). Não se trata de entrar aqui numa discussão sobre a propriedade ou não da afirmação.[40] O que importa frisar, agora, é que, se para Mário o desenho é uma forma de ilimitação em sentido positivo, pode ser que a pintura, quando põe de lado a moldura para se concentrar em sua própria materialidade, com a pincelada se fazendo gesto (e voltamos, assim, à questão do expressionismo), parece confrontar o poeta e teórico com uma outra forma do ilimitado, forma temível, sobretudo quando ela se impõe ao retrato do próprio sujeito. Estamos aqui, mais uma vez, diante da dimensão eminentemente *sintomática* da imagem, justamente aquela explorada em *Macunaíma*.[41]

Recordemos ainda um conhecido autorretrato fotográfico muito peculiar: só a sombra, sem rosto; sobretudo: o sujeito confundindo-se com o chão, com a terra, mas apenas na medida em que se faz fantasma. *Sombra minha* é o título (fig. 11). A partir desse autorretrato, sobrepondo nele a figura de Mário e a de Macunaíma, podemos nos perguntar se o "nenhum" da expressão "herói sem nenhum caráter" não é, mais do que signo de real negatividade ou ausência, *uma das formas do múltiplo*. É curioso que, na sua coleção, Mário tenha uma aquarela de Flávio de Carvalho muito semelhante à sua fotografia: datada de 1933 e intitulada *Homem*, mostra um homem de costas, com as zonas de sombra do corpo demarcadas numa invulgar profusão cromática, que por vezes se aproxima das possibilidades de cor da pele, para logo, porém, se fazer ficção com azuis e amarelos imprevistos.

Encerrando essa série, chegamos àquele autorretrato feito apenas de palavras, que, porém, aludem a imagens alheias. Nele, já encontramos uma antecipação de certa dinâmica corporal macunaímica, que passa pelo *sparágmos*, pelo despedaçamento dionisíaco do corpo. Registra Mário na carta a Tarsila do Amaral datada de 7 de janeiro de 1925:

> Escrevo esta sob a ação duma ressaca danada. Estou com um gosto de tacho do Alexandrino na boca que não há meios de sair. O mais pior é que se tenho Alexandrino na boca (salvo seja), o resto é Chagall legítimo. Tudo está virando

e separado. Até parece que deixei uma perna lá na cama. Não sinto ela viver comigo. Agorinha mesmo uma roda do bonde lá da rua das Palmeiras veio correndo, entra que não entra, entrou no meu quarto e botou tudo de cabeça pra baixo. Estou meio ité, meio zonzo, e o curumim rindo na esquina parece que guaia dentro do meu ouvido que nem saci em noite de assombração.[42]

A referência a Pedro Alexandrino se explica pelos tachos de cobre tão presentes em suas naturezas-mortas (fig. 12). Vale lembrar que Alexandrino foi o primeiro professor de Tarsila, destinatária da carta. Quanto a Chagall, Mário alude à figuração de muitos dos seus personagens que aparecem nas telas como se levitassem. Vale lembrar que Alexandrino foi o primeiro professor de Tarsila, destinatária da carta. Quanto a Chagall, Mário alude à figuração de muitos dos seus personagens que aparecem nas telas como se levitassem. É significativo que, na ilustração que Carybé fez para a cena da macumba do Macunaíma, ele adote uma técnica muito próxima da de Chagall, com o plano dos deuses ocupado por personagens flutuantes. O autorretrato em pós-êxtase — escrito de "ressaca" — oferecido na carta se aproxima muito da figuração da morte definitiva de Macunaíma ao final do livro; mas aqui a fragmentação se dá através de imagens — ou, antes, através de procedimentos imagéticos — tomados de empréstimo ao mundo das artes visuais. Por aqui se compreende, acredito, o papel da coleção e dos museus em Mário: são sempre possibilidades de uma identidade em aberto, selva de hipóteses de autorretratos que sejam também *alter-retratos*. O escritor e filósofo Juliano Garcia Pessanha cogitou, no lugar de uma autobiografia, uma "heterotanatografia".[43] Talvez o que chamemos de literatura, na sua diferença decisiva mas nunca absoluta com relação aos demais discursos, seja sempre, mas com mais força e evidência em autores experimentais como Mário, uma prática *heterotanatográfica*, que não apenas substitui, no ato da escrita, o mesmo pelo diverso, a vida pela morte, o real pela ficção, a letra pela imagem, mas, sim, se entrega à experiência arriscada dos limiares entre uns e outros. A graça de *Macunaíma* está em arrancar essa experiência dos limites individuais ou privados e transformá-la em locus privilegiado de uma investigação poética e figurativa sobre a "nossa gente" — sem, porém, especificar a delimitação nacional desse *nós* e dessa *gente*, uma vez que indígenas e afrodescendentes não são simplesmente brasileiros, mas, porque foram integrados à força a uma ficção de nação, obrigam a rever a própria ideia de Brasil.

Essa revisão — que faz da obra de Mário, mais do que um esforço de *representação* do país ou de seu povo, uma sequência de tentativas de *figuração*, *desfiguração* e *refiguração* das imagens do Brasil (eis aí, mais uma vez, o *expressionismo* do autor) — ganha uma formulação sintética e exemplar na crônica "Flor nacional", publicada no *Diário Nacional* em 7 de janeiro de 1930. O ponto de partida da crônica é um concurso da revista *Rural* para eleger "a rainha das flores brasileiras". Mário manifesta-se, no texto, a favor da vitória-régia, que ele descreve, de forma bem-humorada, com atenção à sua fundamental ambivalência, mas, antes de tudo, com atenção também a certa *resistência à semelhança* — e, portanto, a certa reivindicação do irrepresentável — que lhe seria inerente e característica:

> Não achei possível se comparar essa flor com outra nenhuma. Perfeição absoluta de forma, e principalmente flor que é declaradamente flor. A gente olha e diz: É flor. Não evoca imagem nenhuma. Não é que nem a rosa que às vezes parece repolho. Ou evoca repolho. Nem feito o cravo que evoca espanador. E muito menos ainda é que nem as parasitas que evocam aeroplano, mapas e o Instituto do Café.

Atualmente há um senador por S. Paulo, que apesar de não ser paulista é parecidíssimo com o amor-perfeito. [...]
A vitória-régia é imediatamente flor. E apresenta todos os requisitos da flor. O colorido é maravilhoso, passando, à medida que a flor envelhece, do branco puro, quase verde, ao róseo-moça, ao vermelho-crepúsculo para acabar no roxo--sujo desilusório. E tem aroma suave. Forma perfeita, cor à escolha, odor. Toda a gente diante dela fica atraído, como Saint-Hilaire ou Martius ante o Brasil. Mas vão pegar a flor pra ver o que sucede! O caule e as sépalas, escondidos na água, espinham dolorosamente. A mão da gente se fere e escorre sangue. O perfume suavíssimo que encantava de longe, de perto dá náusea, é enjoativo como o quê. E a flor, envelhecendo depressa, na tarde abre as pétalas centrais e deixa ver no fundo um bandinho nojento de besouros, cor de rio do Brasil, pardavascos, besuntados de pólen. Mistura de mistérios, dualidade interrogativa de coisas sublimes e coisas medonhas, grandeza aparente, dificuldade enorme, o melhor e o pior ao mesmo tempo, calma, tristonha, ofensiva, é impossível a gente ignorar que nação representa essa flor...[44]

Contra os previsíveis mitos de identidade, Mário propõe uma fábula da pluralidade — fábula, aliás, plural na sua própria constituição, já que construída por meio de procedimentos como a montagem e a colagem (de textos e imagens, mitos e conceitos alheios), de modo a que o próprio *um* se revele intrinsecamente *vário*; em suma, uma *confabulação*. É por meio dessa fábula que assistimos à irrupção — nunca isenta de violência — de todas as línguas na língua, de todas as imagens na imagem, de todos os povos no povo.

Figs. 3-4: Paulo José como a mãe de Macunaíma e Grande Otelo como Macunaíma no filme de Joaquim Pedro de Andrade.

Fig. 5: Carybé, ilustração para *Macunaíma*.

Fig. 6: Carybé, ilustração para o capítulo
"Ursa Maior" de *Macunaíma*.

Figs. 7-8: Nuno Ramos, desenhos das séries *Anjo e boneco* (2013) e *Verme anjo* (2010).

Fig. 9: Mário de Andrade, epitáfio figurativo que Maanape gravou na pedra sob a qual Macunaíma e os irmãos enterraram a mãe.

Fig. 10: Lasar Segall, *Retrato de Mário de Andrade*, 1927.

Fig. 11: Mário de Andrade, *Sombra minha/ Sta. Tereza do Alto 1-1-28*, 1928.

Fig. 12: Pedro Alexandrino, *Cozinha na roça*, 1894.

A voz sobrevivente

"Fujam das pequenezas dos heróis de romance." Assim diz Boileau, numa das epígrafes que pontuam o terceiro volume das *Mitológicas*,[1] o qual encerra em suas páginas uma breve mas potente teoria do romance — que é também uma teoria da dissolução (e recuperação, a um só tempo liminar e póstuma) dos mitos. Pergunta-se, ali, Lévi-Strauss:

> Mas não é isso, sempre, um romance? O passado, a vida, o sonho, carregam imagens e formas deslocadas que assediam o escritor, quando o acaso, ou alguma outra necessidade, desmentindo aquela que foi outrora capaz de engendrá-los e dispô-los numa verdadeira ordem, preservam ou recuperam nelas os contornos do mito. No entanto, o romancista voga à deriva entre esses corpos flutuantes que o calor da história, provocando um degelo, separa dos blocos de que faziam parte. Ele recolhe esses materiais e os reutiliza como eles se apresentam, não sem perceber confusamente que pertencem a um outro edifício e que irão se tornar cada vez mais raros na medida em que ele é carregado por uma corrente diferente daquela que os mantinha reunidos. A queda da intriga romanesca, interna a seu desenrolar desde a origem e recentemente tornada exterior a ela — já que assistimos à queda *da* intriga após a queda *na* intriga —, confirma que, devido ao seu lugar histórico na evolução dos gêneros literários, era inevitável que o romance contasse

uma história que acaba mal e que estivesse, enquanto gênero, acabando mal. Em ambos os casos, o herói do romance é o próprio romance. Ele conta sua própria história: não apenas que ele nasceu da extenuação do mito, mas que se reduz a uma busca extenuante pela estrutura, aquém de um devir que espia de perto, sem poder encontrar, dentro ou fora, o segredo de um antigo frescor, a não ser talvez em alguns refúgios em que a criação mítica ainda permanece vigorosa, mas nesse caso, e contrariamente ao romance, à sua revelia.[2]

Essas hipóteses teóricas — ou, mais exatamente, *mítico*-teóricas — sobre o romance talvez nos permitam compreender por que *Macunaíma*, a um só tempo, é e não é um romance. Nele, ao contrário do que podemos ver, por exemplo, no *Ulysses* de James Joyce, os mitos recuperados não se deixam descrever, nos termos de Lévi-Strauss, como "corpos flutuantes que o calor da história, provocando um degelo, separa dos blocos de que faziam parte"; pelo contrário, em *Macunaíma*, o mito intercepta, com a força originária e desconcertante das estruturas míticas, a forma romanesca, obrigando-a a se transformar, por assim dizer, por dentro. T. S. Eliot, numa resenha de *Ulysses* publicada em 1923, buscou elucidar a adoção do "método mítico" na composição do romance de Joyce — isto é, sua manipulação de um "contínuo paralelo entre contemporaneidade e antiguidade" — como "um meio de controlar, de ordenar, de dar uma forma [*shape*] e uma significação [*significance*] ao imenso panorama de futilidade e anarquia que é a história contemporânea"; em suma, "um passo para tornar o mundo moderno possível para a arte", um passo rumo à "ordem" e à "forma" (*form*) supostamente imprescindíveis à configuração artística.[3] Nada desse "paralelo" ordenador se encontra no romance de Mário de Andrade; pelo contrário, nele, a incorporação da matéria mítica não configura uma espécie de exoesqueleto para sustentar de pé a restante matéria extraída das mais diversas fontes: antes, de acordo com o "nenhum caráter" do seu "herói", desordena, desorganiza, deforma, extraindo do mito não uma política do fundamento, como seria previsível (e o próprio autor se coloca explicitamente contra tais leituras, tantas vezes), mas uma poética do *informe*, como técnica e como cosmovisão, que terá consequências não só nas letras, mas também nas demais artes (em Maria Martins, por exemplo[4]). É ainda a voz de Macunaíma que ressoa quando Murilo Mendes, no poema-síntese ("Mapa") do seu primeiro livro (*Poemas*), escreve: "Viva eu, que inauguro no mundo o estado de bagunça transcendente".[5] *Macunaíma* é, em suma, nos termos de Lévi-Strauss, um daqueles "refúgios em que a criação mítica ainda permanece vigorosa" à revelia do romance como forma. No entanto, tal como acontece nos romances modernos mais característicos, a "queda *na* intriga" também termina por conduzir, nele, a uma "queda *da* intriga", sendo *Macunaíma*, quanto a isso, mais um episódio do grande romance dos romances (ou seja, da história dos romances) — história esta que, conforme já vimos, só pode terminar mal. Daí que possamos ver, na incorporação do mito não como promessa de alguma plenitude paradisíaca ou utópica, mas em sua própria dissolução (incorporação que, por isso mesmo, se faz busca incessante por uma estrutura que já não está e não estará mais lá, a não ser como assombração), algo como uma replicação literária da tragédia histórica dos próprios povos de que provêm os mitos tomados de empréstimo por Mário de Andrade. Diz Lévi-Strauss — que foi, aliás, amigo de Mário e leitor do *Macunaíma*[6] — numa entrevista a Eduardo Viveiros de Castro: "Os ameríndios são restos, são fragmentos de sociedades que viveram vários séculos de drama e destruição. Os melanésios, em contrapartida, são gente que estava absolutamente intacta no momento em que se os descobriu".[7]

Depois de recuperar a muiraquitã em São Paulo, Macunaíma retorna para sua terra natal, à margem do Uraricoera. Ali, depois de algumas últimas aventuras, ele se descobre, certo dia, sozinho, em meio a um "silêncio" que ele "não compreendia". Não apenas todos parecem ter morrido (ou, segundo a imaginação mítica, se transformado), mas ele mesmo, aos olhos de quem conta sua história, participa, ainda que figurativamente, da morte: "Ficara defunto sem choro, no abandono completo".[8] A aldeia encontra-se em ruínas: "Macunaíma foi obrigado a abandonar a tapera cuja última parede trançada com palha de catolé estava caindo".[9] A fazer-lhe companhia, resta apenas "um aruaí muito falador". Macunaíma não só rememorava ao papagaio suas aventuras, mas exigia que este lhe recontasse, em língua indígena, o que escutara: "Passava os dias enfarado e se distraía fazendo o pássaro repetir na fala da tribo os casos que tinham sucedido pro herói desde infância".[10] Um dia, também o aruaí desaparece, e a solidão do herói faz-se absoluta, tornando-se ele presa fácil para os encantos vingativos de "Vei, a Sol" e para a sedução fatal da "Uiara", a mãe-d'água, sereia amazônica.[11] De um mergulho forçado na lagoa da Uiara, Macunaíma emerge destroçado: "Estava sangrando com mordidas pelo corpo todo, sem perna direita, sem os dedões sem os cocos-da-baía, sem orelhas sem nariz sem nenhum dos seus tesouros".[12] Descobre que perdeu também seu talismã há não muito recobrado: "As piranhas tinham comido também o beiço dele e a muiraquitã! Ficou feito louco"[13] (o "beiço", diga-se de passagem, talvez valha aqui pela voz, que é, como veremos, o que está em questão nessa sequência final da narrativa). Em retaliação, o herói envenena a lagoa, matando todos os peixes. Na conclusão do livro, é como se todo o universo se deixasse dominar por um irresistível impulso de destruição, que se resolverá, dialeticamente, em sublimação. Tentando reencontrar novamente a muiraquitã, Macunaíma "destripou todos esses peixes, todas as piranhas e todos os botos", sem lograr achar o amuleto.[14] "Foi uma sangueira mãe escorrendo sobre a terra e tudo ficou tinto de sangue. Era a boca-da-noite."[15] Se não resgatou o objeto mágico, conseguiu reaver, porém, quase todos os pedaços arrancados de seu corpo e prendeu-os de volta "nos lugares deles" (estamos, afinal, no mundo do mito) "com sapé e cola de peixe". Só não acha a perna direita e a muiraquitã, última "lembrança" de sua amada Ci. "Então Macunaíma não achou mais graça nesta terra."[16] Decide, então, ir para o céu, "viver" ao lado de Ci, transformando-se, para isso, na constelação da Ursa Maior, e agora "banza solitário no campo vasto do céu": "Ia ser o brilho bonito mas inútil porém de mais uma constelação. Não fazia mal que fosse brilho inútil não, pelo menos era o mesmo de todos esses parentes, de todos os pais dos vivos da sua terra, mães, pais, manos cunhãs cunhadas cunhatãs, todos esses conhecidos que vivem agora do brilho inútil das estrelas".[17]

Haroldo de Campos, no desfecho da análise proppiana — mas já também barthesiana, isto é, pós-estruturalista — que faz do romance de Mário de Andrade, flagra na "perda definitiva da muiraquitã" um momento de virada final da narrativa: "Da ação propriamente dita, o livro se transfere agora para um outro nível: o da sublimação alegórica. O herói 'infeliz', não podendo superar a fase de 'degradação' (não podendo mais viver na terra), busca refúgio no 'céu': excelsifica-se, vira 'estrela'.[18] Haroldo recorda, a propósito, uma carta de Mário a Manuel Bandeira em que aquele explica que, conforme a "tradição" (a mitologia), "ser astro [...] é o destino fatal dos seres", quando se descobrem "sem quê fazer nesta terra".[19] Pouco antes de ascender ao céu, o próprio herói escreve numa "laje que já fora jabuti num tempo muito de dantes": "NÃO VIM NO MUNDO PARA SER PEDRA".[20] Essa contraposição entre ser-pedra e ser-estrela, entre plano terrestre e plano celeste, entre, em resumo, alto e baixo (contraposição fundamental em grande parte das interpretações mitológicas do mundo), para além de todas as consequências hermenêuticas que poderiam advir de uma análise estrutural de matriz lévi-straussiana, talvez possa ser examinada também à luz das considerações de Freud sobre a "pulsão de morte", especialmente à luz daquela sua caracterização do "universal empenho de todos os viventes" como sendo o de "retornar à quietude do mundo inorgânico", que seria o estado originário de todos os seres.[21] O que, acrescente-se, equivale a dizer que "o objetivo de toda vida é a morte".[22]

A imaginação mítica permite que se opte por uma ou outra modalidade de quietude. Macunaíma, entre ser-pedra e ser-estrela, ou, mais precisamente, ser-constelação (reunião de estrelas, como seu próprio corpo recomposto depois do mergulho na lagoa era reunião de órgãos), se decide pela segunda, ao mesmo tempo que é com ela agraciado (trata-se propriamente de uma *decisão*, isto é, de uma *cisão* com o destino, mas também de uma *bênção compensatória* ou *reparadora*, isto é, de um *dom* por *dó*).[23] Transformar-se em constelação: tornar-se pura evidência, contraponto simbólico (fantasmal) à bruta natureza do cadáver, de que a pedra é signo. Transformar-se em constelação, ainda: modo extremo de sobreviver, de resistir, de persistir; de continuar pairando, luminosamente, longinquamente, sobre os vivos e os mortos — ou, melhor, *entre* os vivos e mortos.

Mas transformar-se em constelação talvez também seja uma metáfora para a pluralidade de figuras e de vozes que atravessam o livro: vozes que também são imagens da sobrevivência, da resistência depois de tudo, apesar de tudo. Não esqueçamos que, terminado o relato das aventuras de Macunaíma, com sua derradeira transformação na Ursa Maior, há um "Epílogo" que já nos lança, em alguma medida, para além do entrecho propriamente dito, para além da *história que se acaba* — e, também, para além do fim da história, em sentido amplo. Porém, concomitantemente, nos conduz para *aquém da história*, como bem viu Telê Porto Ancona Lopez, que reconheceu nesse capítulo a "chave" do livro, na medida em que, aqui, o "epílogo não embala, como nos romances convencionais, a expectativa do leitor dando-lhe 'o que aconteceu depois'. Oferece-lhe o antes, *a história da história*".[24]

Esse epílogo inicia-se com uma imagem de devastação:

> Acabou-se a história e morreu a vitória.
> Não havia mais ninguém lá. Dera tangolomângolo na tribo Tapanhumas e os filhos dela se acabaram de um em um. Não havia mais ninguém lá. Aqueles lugares aqueles campos furos puxadouros arrastadouros meios-barrancos, aqueles matos misteriosos, tudo era a solidão do deserto... Um silêncio imenso dormia à beira-rio do Uraricoera.
> Nenhum conhecido sobre a terra não sabia nem falar da tribo nem contar aqueles casos tão pançudos. Quem que podia saber do herói? [...] Ninguém jamais não podia saber tanta história bonita e a fala da tribo acabada. Um silêncio imenso dormia à beira-rio do Uraricoera.[25]

A voz do narrador aqui parece descolar-se da narrativa anterior. Mesmo o andamento do relato, que antes como que acompanhava ritmicamente as peripécias do "herói sem nenhum caráter", muda: é, agora, quase ritualístico, quase hierático. As duas frases que se repetem a modo de refrão colaboram para isso: "Não havia mais ninguém lá" e "Um silêncio imenso dormia à beira-rio do Uraricoera". Ausência e silêncio. O que até agora tinha sempre seu quê de comédia, ainda que por vezes sangrenta, revela-se, em alguma medida, uma tragédia. Mas podemos nos perguntar: se *a história acabou-se*, por que o texto continua?

Não por acaso, esse derradeiro capítulo de *Macunaíma* não vem numerado como os anteriores e seu título foge ao caráter ilustrativo dos demais: apenas "Epílogo". Palavra, porém, que, embora discreta, não é de modo algum insignificante. Pelo contrário: *epílogo* nomeia precisamente essa palavra-a-mais, essa persistência derradeira da linguagem — da voz — ali onde ela está prestes a calar, onde, em alguma medida, ela já é silêncio (e ausência do personagem e do próprio autor). George Steiner — com um argumento que deveria, com ganho crítico, ser desbastado de todo seu hiperbólico fundo religioso e de sua inócua polêmica contra a filosofia contemporânea — já falou do nosso tempo, este que se segue à "quebra" (*break*) do imemorial "contrato entre a palavra e o mundo" no decorrer das décadas de 1870 a 1930, como sendo "aquele do *epílogo*" (*I define this time as that of the epilogue*). E o diz com a ressalva de que "os 'posfácios' [*after-words*] são também prefácios e novos inícios".[26] De fato, o "Epílogo", em *Macunaíma*, como que lança a voz do narrador para o futuro, ainda que este seja, no fundo, como sempre na literatura e na arte, um "futuro do passado",[27] um *condicional* — isto é: hipótese, ficção — a superar a barreira de provisório silenciamento demarcado pela última frase do livro: "Tem mais não".[28]

Daí que o epílogo e o livro não terminem com a simples figuração de uma terra devastada. "Uma feita um homem foi lá", registra o narrador. "O deserto tamanho matava os peixes e os passarinhos de pavor e a própria natureza desmaiara e caíra num gesto largado por aí."[29] Em meio à "mudez [...] imensa", o homem — o intruso, podemos dizer — ouve um ruído: na verdade, "uma voz", uma voz sem palavras a emergir "da ramaria", uma voz fantasma. O homem, refeito do "susto", vê se aproximar um "guanumbi" — um beija-flor — que toca ("boleboliu") no seu "beiço" (e lembremos do "beiço" de Macunaíma, capítulos antes, comido pelos peixes). Na vegetação, ele descobre "um papagaio verde de bico dourado". O pássaro pousa na sua cabeça e começa a "fala[r] numa fala mansa, muito nova, muito! que era canto e que era cachiri com mel-de-pau", contando-lhe o sucedido: "A tribo se acabara, a família virara sombras, a maloca ruíra minada pelas saúvas e Macunaíma subira pro céu". O papagaio, sabemos agora, é o aruaí a quem Macunaíma narrara suas aventuras e que aprendera a recontá-las. "E só o papagaio no silêncio do Uraricoera preservava do esquecimento os casos e a fala desaparecida. Só o papagaio conservava no silêncio as frases e feitos do herói."[30] Ele conta tudo que ouvira para o homem e vai embora. Ao final, o narrador — no qual podemos ver a figura transposta do próprio Mário de Andrade — admite: "O homem sou eu, minha gente, e eu fiquei pra vos contar a história".[31] E o faz na atitude de um cantador, "cantando na fala impura as frases e os casos de Macunaíma, herói de nossa gente".[32]

Em síntese, tudo já se destruiu, a história se acabou — "tem mais não". No entanto, é precisamente nesse espaço do "tem mais não" que emerge a narrativa, de início como canto, como ímpeto afim ao épico ("em toque rasgado botei a boca no mundo"[33]), ainda que numa época em que a epopeia, nas suas formas tradicionais, não é mais possível.[34] Podemos dizer, portanto, que, relido a partir do seu epílogo, *Macunaíma* nos convida a perguntarmos: o que resta depois do *não*? O que *tem*, ainda, quando se diz que *não tem* mais nada?

Fundamentais na reflexão de Ettore Finazzi-Agrò sobre a literatura são as suas considerações sobre o tempo do *epílogo*, isto é, o tempo daquela palavra final que é fim da palavra ao mesmo tempo que palavra do fim. Aos olhos do crítico, por exemplo, Guimarães Rosa, em *Grande sertão: veredas*, resolveu o paradoxo do epílogo, constituído pela simultaneidade do fechamento da obra em si e da abertura desta para o mundo, ao acabar seu livro com a lemniscata (∞), "símbolo (matemático e esotérico a um tempo) do infinito, assinalando, justamente, a não-finitude do texto", o qual, assim, se "reabr[e] para um fora absoluto".[35] Epílogo, pois, como lugar de "travessia", como registra a última palavra, antes do isolado sinal gráfico, desse "texto excessivo", desse texto transbordante.[36] Trata-se de um "'romance' enorme e sem fim"[37] que, como antes dele já o *Macunaíma*, mal cabe na forma do romance. Não por acaso, *Grande sertão: veredas* começava com uma espécie de dialética reiteração-e-contestação do "Tem mais não" marioandradiano: *nonada*. E, não por acaso também, a partir da segunda edição, de 1937, Mário preferiu chamar *rapsódia* ao *Macunaíma*, em vez de simplesmente *romance* (ou, como fizera no verso da página de rosto da primeira edição, *história*).[38]

Finazzi-Agrò, examinando o livro de Mário com especial atenção ao seu epílogo (que ele, com razão, vê colocar-se, com maior pertinência, no lugar dos prefácios projetados e esboçados pelo escritor, mas jamais publicados[39]), chama a atenção para o sentido profundo da sobreposição de vozes que aí se desenha e que, em alguma medida, atravessa todos os capítulos anteriores:

> Neste *explicit* tudo transpira mito, religiosidade, tradição. Começando pelo guanumbi, o pássaro que na cultura indígena faz as funções de mensageiro do mundo infernal, aquele que "indica" a existência de uma voz anterior e já perdida, de uma história fabulosa presa no silêncio; e, depois dele, o papagaio, depositário daquela voz, o qual narra os feitos do herói numa língua inaudita; o sujeito narrante, enfim, o homem extraviado naquele silêncio, aquele que transmite aos outros as palavras escutadas, aquele que traz aos homens a voz aprendida, servindo-se da sua "fala impura", fatalmente humana.[40]

Temos aí "um processo de transmissão/tradução da mensagem", num deslocamento da voz puramente animal, passando pela voz híbrida do papagaio, até a "voz cheia e cantante do narrador-jogral".[41] (Vale lembrar que, antes, Ettore Finazzi-Agrò já chamara a atenção para o quanto a figura de narrador construída por Mário de Andrade no *Macunaíma* devia à figura do cantador, do *joculator* ou jogral, da tradição oral.)

> Um processo, então, em que a tradição encontra o seu significado pleno, numa continuidade característica entre *phoné* e *logos* e dentro do âmbito intransponível do *mythos* — isto é, do conto desde sempre existente na sua forma originalmente, metafisicamente "fônica" e que, através da sua decifração, se converte em palavras, se torna "lógico". O beija-flor, o papagaio, o cantador são os agentes emblemáticos, são os intermediários inevitáveis dessa tradição/transferência do sentido, ou seja, daquilo que se encontra, desde sempre, na Voz: são aqueles, enfim, que se anulam na sua função, que se ausentam na palavra e na sua transmissão totalmente oral. Um processo, repare-se, em que a escrita parece não ter lugar, escondida, como está, nas dobras da "memória que inventa" — ou que *invenit*, isto é, "encontra" as palavras existentes *ab æterno*.[42]

É a própria "emergência difícil da palavra" que se apresenta no epílogo de *Macunaíma*, na forma de um "movimento circular no interior da Voz".[43] Dificuldade e circularidade que encontram sua razão mais funda na própria configuração do personagem Macunaíma como "herói sem nenhum caráter" e, pois, como "sintoma" (e não "símbolo" ou "expressão", frisa Mário) da cultura brasileira.[44] E não menos, acrescentemos, da sociedade brasileira com toda sua formação histórica específica, com todas as suas dissonâncias constitutivas, todo seu horror por vezes relegado ao esquecimento e ao silêncio, de que é ilustrativa, no livro, a aniquilação da "tribo retinta dos Tapanhumas"[45] — que são índios mas também, antes de tudo, são negros (Tapanhuma é variante do neologismo criado na língua geral para designar o "escravo negro", *tapanhuno*[46]).

Daí que, como nota Ettore Finazzi-Agrò, o livro nos devolva — em "formas lúdicas" que ao mesmo tempo ocultam e revelam — "a imagem acabada de um mundo sem imagem definida":

> Um mundo [...] ou um espaço cultural que, sendo o Brasil (e, mais em geral, a América Latina), é de fato habitado por um silêncio anterior: o silêncio dos vencidos, daqueles que a arrogância dos vencedores obrigou à mudez, reduzindo-os à condição de não-falantes (isto é, de *in-fantes*). E *Macunaíma* — como, aliás, o declara o seu epílogo — representa também um ficar à escuta dessa voz indígena censurada, suprimida, tornada já inaudível na sua forma originária e que só pode ser transmitida através da "fala impura" dos conquistadores. Daquele universo, grávido de palavras não-concebidas, o jogral, o rapsodo, se torna porta-voz através do canto, revestindo de uma forma divertida, alegre, o seu trabalho obscuro, penoso, de escolha e de urdidura das palavras por dizer, trabalho que os antigos trovadores provençais chamavam de *entrebescar les mots*, "entrelaçar as palavras".

Ettore Finazzi-Agrò encontra numa frase repetida como refrão em *O quarto fechado*, de Lya Luft, algo como a virtual estrutura constitutiva da voz literária, e não só (arrisco-me a dizer) em situação pós-colonial: "Se pudesse falar, o morto diria".[47] É deixar o morto falar, ali onde ele mais não fala (afinal, está morto), na forma de hipótese, ficção: de fantasma. A própria ênfase corpórea do *Macunaíma* — destacada pelo crítico em seu ensaio sobre o livro ao ressaltar a "necessidade instintiva", a "urgência física" do herói, oscilante sempre entre "a inocência 'estúpida' do corpo" e "sua astúcia suprema", entre o "seu entorpecimento" e a "sua agilidade", a "sua indolência" e o "seu dinamismo"[48] — talvez possa ser reproposta como o avesso complementar daquela "fala do corpo" que, como diz no ensaio sobre Lya Luft, "é a única, possível linguagem da morte", de uma "morte prorrogada" de que o corpo em sofrimento — "espantalho trágico" — é "monumento". Não esqueçamos do corpo destroçado de Macunaíma na sua aventura final, imagem prévia, em certa medida, daquela voz errante e proliferante que irromperá no epílogo. Pergunta-se Ettore Finazzi-Agrò:

> [...] como pensar o corpo, com seu vitalismo e sua natureza orgânica, enquanto emissário de uma mensagem que nos chega do além, visto que a corporalidade é a dimensão humana mais íntima e secreta? E a resposta é que o corpo morto, justamente porque despido e exposto, tem com certeza uma linguagem; é [...] o lugar de trânsito de uma voz extrema a ser decifrada: discurso obscuro e enigmático que obriga a encobrir, com palavras insuficientes, a nudez e a mudez — o vazio, enfim — dos "restos mortais".[49]

"Palavras insuficientes", que são, no entanto, as únicas palavras possíveis. Daí o interesse maior de Ettore Finazzi-Agrò por textos em que essa insuficiência impõe-se à própria estrutura geral, do que resulta a dificuldade ou mesmo a impossibilidade de enquadrá-los em denominações de gênero ou forma exclusivas: impossibilidade que é tanto dos críticos quanto já, de início, dos seus autores. Pense-se no mesmo *Macunaíma*: "romance", como já se viu, definido pelo próprio Mário de Andrade como rapsódia. E não é a única denominação que Mário intenta para em alguma medida escapar ao romance: "livro de férias", "brinquedo", "história", "romance folclórico" etc. Em Guimarães Rosa — sobre quem Finazzi-Agrò publicou um estudo notável sob o título de *Um lugar do tamanho do mundo*, síntese de várias aproximações suas anteriores ao autor —, isso é ainda mais evidente, a começar pela preferência pelo termo "estórias" para denominar os contos. Mas não esqueçamos que Rosa também chamou "poemas" às extensas novelas — quase romances, algumas — de *Corpo de baile*.[50] E lembremos que o *Grande sertão: veredas* já foi dito pela crítica "poema épico, e tão próximo das canções de gesta", ao mesmo tempo que, não sendo "apenas mais um descendente da epopeia, como qualquer romance", é "uma epopeia moderna, em aparente prosa" (e aqui, à questão do gênero literário, se sobrepõe à da historicidade da forma: historicidade plural).[51] E como não recordar também o último livro de Clarice Lispector, espécie de *texto póstumo em vida*, sobre o qual Finazzi-Agrò começa uma interessante interrogação sobre "o trágico e a falta" perguntando-se "o que é na verdade *A hora da estrela*":

> [...] não um romance, talvez, pelo menos não um romance no sentido canônico, mas tampouco uma reflexão teórica ou um discurso crítico sobre a arte de escrever romances. E é com certeza inadequado pensar esse texto que Clarice Lispector deixou atrás dela, na iminência da morte, como um poema, como uma sinfonia ou como um afresco. Nem pode ser considerada um tratado filosófico ou um panfleto religioso, esta obra estranha e cativante em que a voz da autora ecoa ainda no nosso presente; nem, de resto, ela pode ser incluída na categoria do melodrama ou da narrativa de cordel — embora estas definições, assim como todas as outras que as precedem, venham à tona ao longo de um texto que, ele próprio, tenta entender-se, tenta compreender-se dentro de um gênero, dentro de um "modo" literário ou, pelo menos, artístico no sentido mais amplo.

O que é, então, *A hora da estrela*? Provavelmente é tudo isso e muito mais ainda. E podemos esperar, nessa perspectiva, que este "excesso" seja contido nos limites dum livro tão curto? Acho que é com certeza possível, visto que, do interior do seu limite físico, a obra de Clarice respira no ilimitado e na "abertura" de uma interrogação suspensa, que obtém apenas respostas mudas ("Este livro é um silêncio. Este livro é uma pergunta").[52]

E não esqueçamos que, em *A hora da estrela*, desde a "Dedicatória do autor" (que, no decorrer da narrativa, ganha o nome de Rodrigo S. M., mas aqui se confessa, entre parênteses, "Na verdade Clarice Lispector"), há uma sobreposição de vozes que não fica nada a dever ao esquema estabelecido no "Epílogo" de *Macunaíma*. E aqui se trata também de *dar voz* — sobretudo na forma extrema de um *direito ao grito* — a um silêncio que, desde sempre, já participa na morte, em alguma forma de morte que pode ser mesmo a morte-em-vida das existências aniquiladas em nosso cruel quadro social:

> Contar a história de Macabéa significa, no fundo, se expor a uma *compaixão* radical; significa tentar dar visibilidade a esse (quase) Nada que ela, não sendo, é; significa dar voz, prestando-lhe ouvido, a esse coágulo não essencial de "o quê" com "o quê"; significa, enfim, acompanhar a sua breve existência compadecendo a sua Ausência — ou seja, compartilhando e repartindo a sua Falta como uma hóstia através da qual se experimenta "o insosso do mundo" — para chegar até o momento em que ela se aproxima finalmente do limiar do Ser, o instante supremo ou ínfimo em que ela, morrendo, vive a sua "hora da estrela".[53]

"Hora da estrela" que, podemos lembrar, estava já na decisão de Macunaíma de não ser pedra, mas tornar-se constelação.

Num ensaio dedicado a Antonio Candido, Finazzi-Agrò, depois de submeter a historiografia literária brasileira a uma penetrante revisão, se põe a examinar "poucos escritores que, com maior clarividência e com mais aguda consciência, se colocaram diante da questão de representar o sentido e a forma da identidade nacional sem recorrer a hipotéticas reconstruções históricas da Origem, mas, pelo contrário, escrevendo justamente a partir da Falta, ou seja, instalando-se nesse caráter paradoxalmente 'não-histórico' da história brasileira".[54] *Falta* no lugar da *Origem* — ou ainda, se repensarmos o conceito de origem numa chave não mítica (como o faz por exemplo Walter Benjamin e, na sua esteira, mais recentemente, Giorgio Agamben e Georges Didi-Huberman), *Falta como Origem*. Os autores abordados, nesse ponto, por Finazzi-Agrò são Euclides da Cunha, Mário de Andrade, Carlos Drummond de Andrade e Pedro Nava.

Os sertões são vistos aí como caso "exemplar e paradigmático" de uma escrita a partir da Falta; e não podemos esquecer que é outro livro que coloca problemas para quem queira circunscrevê-lo a um gênero ou forma exclusivos, é outro texto daquela sequência de "romances" *falhados*, de romances *em falta* — ao mesmo tempo que, e sem contradição, *em excesso* —, que constituem boa parte da melhor prosa brasileira do século XX, incluindo o *Macunaíma*, o *Grande sertão: veredas* e *Água viva*, e indo pelo menos até as *Galáxias* de Haroldo de Campos e o *Catatau* de Paulo Leminski. Em Euclides da Cunha, o crítico elogia a descoberta de que, sendo o Brasil "um espaço imenso e fundamentalmente sem história" (pelo menos, sem uma história sequencial, linear, contínua, uniforme, isto é, sem uma história no sentido ocidental da palavra), "era preciso pensar o país a partir não do tempo que ele ocupa, que ele organiza e pelo qual é supostamente organizado, mas, justamente, a partir do espaço — espaço fundamentalmente vácuo — que ele realmente preenche e que lhe dá sentido. Toda a sua obra maior pode, de fato, ser lida como uma grande tentativa, finalmente consciente, de substituir a História com a Geografia e, por isso, de encontrar o Passado no Longínquo, o Antigo no Distante e, sobretudo, de identificar o Princípio histórico com o Centro geográfico".[55] É preciso notar que "a Paisagem não é tomada, em *Os sertões*, no seu sentido puramente cenográfico ou ambiguamente prosopopeico", ao contrário do que ocorria, por exemplo, no romantismo; no livro de Euclides, "pela primeira vez se tenta re-escrever a geografia como história, interpretando o 'ao lado' como um 'antes'".[56]

Como observa Finazzi-Agrò, em *Os sertões* a "figura" do sertanejo ocupa uma posição semelhante àquela que a figura do índio ocuparia em *Macunaíma*: o herói de Mário de Andrade está tão longe de Peri e de Iracema quanto o sertanejo de Euclides o está do *Sertanejo* do mesmo Alencar. E note-se que a contiguidade entre índio e sertanejo em tais repensamentos da "nossa gente" através da literatura não é fortuita. Se o "sertão" colonial era definido pelo índio que resistia à "civilização" — isto é, à escravização —, na república esse papel de resistência deslocou-se para o *sertanejo*, como bem observa Dawid Danilo Bartelt. Que resume assim o sentido trágico dessa atualização: "O sertão nasceu da morte dos indígenas".[57] Diz Finazzi-Agrò:

> O sertanejo, nesse epos negativo, é o *mostrum*, fascinante e terrível, ocupando um Centro medonho onde se manifesta e, ao mesmo tempo, se oculta o Passado nacional: ele é o mito racionalizado da Origem, ele é o ser irracional que logicamente, como todo Fundamento, "vai ao fundo e some", deixando em seu lugar apenas e sempre um vazio. Desse espaço que está no começo dos tempos, desse homem primordial que fica à margem da história, só um geógrafo disfarçado de cronista, só um autor épico mascarado de

cientista, tenta manter viva a lembrança, tenta dar voz ao seu silêncio, tenta recuperá-lo, justamente, como *figura*, isto é, como presença de uma ausência.[58]

Dar voz: talvez não seja outro o trabalho do escritor. *Dar voz* não a alguma plenitude de sentido, mas dar voz à Falta, que é também, antes de tudo, seu *faltar a si*, sua *falha em ser*: aquela incorrespondência incorrigível entre autor e obra, que já foi descrita, teoricamente, como "morte do autor". Donde se depreende que, mesmo onde não parece haver morto algum ao qual *dar voz*, sempre há um morto, mesmo que ele coincida integralmente com o autor. Ou, ainda, com um povo — um povo que falta. Seja em *Os sertões*, seja em *Macunaíma*, a "história mítica" — que é também "mito historicizado" — cede lugar "a uma genealogia da falta, a uma linhagem interrompida, a uma história que, na sua imperfeição e na sua abertura, fica a única possível História, verdadeira e efetiva, do ser brasileiro".[59] Temos aqui uma evocação explícita da *Wirkliche Historie* proposta por Nietzsche e retomada por Foucault, de quem Ettore Finazzi-Agrò cita uma passagem excepcional, ao especular sobre uma identidade que é somente "paródia da identidade", uma vez que "o plural a habita, almas inumeráveis disputam nela, os sistemas se entrecruzam e se dominam uns aos outros. [...] E em cada uma dessas almas, a história não descobrirá uma identidade esquecida, sempre prestes a renascer, mas um sistema complexo de elementos, por sua vez multíplices, distintos, e que nenhum poder de síntese domina".[60] Essas "almas inumeráveis" são antes vozes, ecos, revérberos — projeções sonoras da falta, isto é, da morte. Mas está aí — na confusão deliberada e, sobretudo, experimental entre voz e letra, canto e conto, mito e romance, arcaico e moderno, tempo e espaço, falta e excesso, vida e morte — toda a vida dessa literatura, e o enigma da sobrevivência que ela, texto após texto, encena e concede.

Uns índios (suas falas)

> [...] *soaram, fim de fio, confusas campainhas, e percebi vozes, como as que no comum se entremetem para as ligações interurbanas.*
>
> Guimarães Rosa, "Subles", em *Ave, palavra*

I

Um romance como *Grande sertão: veredas* — por sua estatura monumental, por sua inventividade ímpar, por sua potência poética e narrativa incomparável — acaba deslocando para as margens tudo mais que o seu autor tenha escrito, mesmo que sejam contos e novelas magistrais como poucos. Ele é o centro — e tudo mais orbita ao seu redor, dando a impressão, pelo menos para as leituras mais apressadas, de preâmbulo ou apêndice. Porém, conforme o impacto inicial de uma obra-prima vai passando (o que pode demandar décadas, mas é, a rigor, inevitável[1]), a organização hierárquica que ela impunha ao conjunto da produção do seu autor se altera — e um texto inicialmente marginal pode, aos poucos ou de repente, movimentar-se em direção ao centro. Este parece ser o caso de um conto como "Meu tio o Iauaretê", legado inicialmente, pelo próprio Guimarães Rosa, ao menos na esfera editorial, a um segundo plano: conforme anotação manuscrita do próprio autor na segunda versão, datilografada, do conto, seria "anterior ao *GS: V*",[2] mas só foi publicado na revista *Senhor* em março de 1961 (portanto, cinco anos depois da publicação do romance) e só seria reunido, enfim, num livro póstumo em 1969 (*Estas estórias*). Trata-se de um texto que, pelo menos desde a leitura crítica pioneira de Haroldo de Campos,[3] vem se revelando fundamental para uma compreensão renovada do conjunto da obra de Rosa, assim como para a compreensão da relação dessa obra com a literatura brasileira como produto complexo de um determinado processo histórico, do qual também é, ela, ao lado das outras artes, agente decisiva, ao propor, por exemplo, as palavras e as imagens em torno das quais um povo pode se descobrir, a um só tempo, nação e danação (Rosa diz de Riobaldo, mas talvez pudesse também dizer do protagonista de "Meu tio o Iauaretê", que ele "é apenas o Brasil"[4]) — e digamos ainda que esse processo histórico de que a literatura é produto e agente, longe de ser algo concluído (o "passado" ou, ao menos, *um* "passado"), é tensão ainda em aberto, acontecimento que não cessou de acontecer, bloco de outroras revistos a cada novo movimento das peças no tabuleiro dos sucessivos agoras. Estamos aqui diante de um exemplo eloquente disso.

As recentes considerações do antropólogo Eduardo Viveiros de Castro sobre "Meu tio o Iauaretê", em entrevistas e conferências,[5] fizeram aumentar ainda mais o interesse pelo conto, servindo de impulso a toda uma nova série de análises.[6] Haroldo de Campos já frisara, no seu ensaio de 1962, a "tupinização" crescente do texto em paralelo com a transformação progressiva do onceiro, seu protagonista, em onça.[7] Viveiros de Castro extraiu largas consequências dessa interceptação do idioma português pela língua indígena, entendendo tal procedimento como uma espécie de alegoria linguística de uma transformação ainda mais profunda, de que a metamorfose do homem em animal é uma tradução em termos míticos: segundo a interpretação proposta pelo antropólogo, "Meu tio o Iauaretê" daria a ver algo como uma tomada de consciência da sua própria condição indígena pelo onceiro mestiço. Lê-se, por exemplo, numa entrevista de 2007:

[...] a literatura brasileira (e latino-americana, e mundial) atinge um de seus pontos culminantes no espantoso exercício perspectivista que é "Meu tio o Iauaretê", de Guimarães Rosa, a descrição minuciosa, clínica, microscópica, do devir-animal de um índio. Devir-animal este, de um índio, que é antes, e também, o devir-índio de um mestiço, sua retransfiguração étnica por via de uma metamorfose, uma *alteração* que promove ao mesmo tempo a desalienação metafísica e a abolição física do personagem — se é que podemos classificar o onceiro onçado, o enunciador complexo do conto, de "personagem", em qualquer sentido da palavra.[8]

Podemos ver o desfecho de "Meu tio o Iauaretê" como uma espécie de ápice e suma de um movimento frequente e, sobretudo, definidor da singularidade da ficção de Guimarães Rosa, que é o movimento pelo qual, em momentos decisivos da trama, a *história* (com seu desenvolvimento majoritariamente linear e sempre, em alguma medida, teleológico) é interceptada pelo *mito* (com seu voltar-se sobre si mesmo — voltar-se em que alguns verão circularidade, onde talvez haja, antes de tudo, emaranhamento, confundindo-se, de vez, futuro e passado, humano e animal, tempo e espaço, espírito e corpo). Em "Meu tio o Iauaretê" dá-se a ver, com exemplar veemência, não só no seu final (embora mais explícita nele), não qualquer identidade pré-histórica entre humano e não-humano, mas, pelo contrário, aquela "diferença infinita [...] *interna* a cada personagem ou agente" que Viveiros de Castro propôs como característica do mito; e o exemplo que ele oferece não poderia ser mais adequado a uma análise desse conto de Rosa: "a questão de saber se o jaguar mítico, por exemplo, é um bloco de afetos humanos em forma de jaguar ou um bloco de afetos felinos em forma de humano é indecidível pois a 'metamorfose' mítica é um acontecimento, uma mudança não-espacial: uma superposição intensiva de estados heterogêneos, antes que uma transposição extensiva de estados homogêneos".[9] Diz ainda Viveiros de Castro: "Mito não é história porque metamorfose não é processo, 'ainda não era' processo e 'jamais será' processo; a metamorfose é anterior e exterior ao processo do processo — ela é uma figura (uma figuração) do devir".[10] Estamos aqui no coração do que interessa na práxis antropofágica — na antropofagia ritual dos Tupinambá tanto quanto na Antropofagia político-poética de Oswald de Andrade: metamorfose e devir, isto é, *autoexpropriação do ser como forma de ser*.

Para Viveiros de Castro, aliás, "Meu tio o Iauaretê" poderia ser visto como uma antecipação de sua própria teoria do perspectivismo ameríndio, na medida em que se trata de uma retomada dos pressupostos do manifesto de Oswald de Andrade por ele tão frequentemente reivindicado: "Pode-se ler o 'Meu tio o Iauaretê' [...] como uma transformação segundo múltiplos eixos e dimensões do 'Manifesto Antropófago'".[11] Em outra entrevista do mesmo ano, lê-se:

> Planejo há tempos escrever um estudo sobre o conto de Guimarães Rosa, "Meu tio o Iauaretê". Vejo nele uma certa culminação do tema da antropofagia na literatura brasileira. O conto é a história de um homem que vira onça. Ou melhor — ou mais: a história de um mestiço que vira índio. Não me parece haver aí nenhuma alegoria direta, sobretudo nenhuma alegoria da nacionalidade. Não há ali uma teoria do Brasil; mas há com certeza, ali, teoria no Brasil. Esse conto de Rosa é um momento decisivo do "movimento do conceito" dentro da literatura brasileira.
>
> [...] O conto de Guimarães é a história de um homem sozinho, mestiço de índio com branco, onceiro, e de um interlocutor silencioso que não dorme, que não pode

dormir porque senão o onceiro-onça vai matá-lo. Toda a tensão do conto está nesse desejo insistente do onceiro de ver seu interlocutor, rico, branco, gordo (imaginamos), dormir: o cara com febre, com malária, pelejando para ficar acordado; e o outro virando onça, tomando cachaça e virando onça ("tá virando onça já", como se diria em um certo português indígena comum na Amazônia), pouco a pouco. O conto termina logo antes de ele virar. Termina, na verdade, com ele no ar. No meio de um bote para cima do interlocutor. O conto termina em *freeze-frame*. O branco de revólver levando a melhor sobre o índio em vias de jaguar.

[...] "Meu tio o Iauaretê" termina com o onceiro quase-virando bicho. Ele não termina de virar; o conto se encerra com o jaguaromem sendo morto. Um quase-evento; e o evento da morte, que o leitor infere. O estranho "narrador" do conto, esse branco — bem, não é um narrador, é um escutador; ele não diz uma palavra. Vocês certamente estão lembrados disso: a narrativa consiste em uma longa fala como que registrada pelo personagem que está ouvindo, o qual é porém, ao mesmo tempo, o "narrador", aquele em cuja pele o leitor inevitavelmente entra. Suas palavras só aparecem, evocadas ou repetidas, dentro do discurso do personagem que fala. Quem está falando é esse mestiço, filho de branco com índia, onceiro profissional, ex-exterminador de onças que está virando onça. E o tio iauaretê, tio dele onceiro, é um tio materno. Isso é fundamental. A mãe do mestiço era índia, o pai era branco. O onceiro é onça pelo lado da mãe. Donde o tio materno, esse arquétipo antropológico. O átomo do parentesco roseano... Note-se que Macuncôzo, o onceiro, está apaixonado por uma onça, uma que eu diria sua prima cruzada, filha de seu tio materno, a onça Maria-Maria. [...]

Macuncôzo vai virando onça à medida que vai conversando; ele vai virando onça na língua. A linguagem dele vai se oncisando, o que é indicado pela invasão progressiva de seu discurso por palavras, frases, interjeições em tupi-guarani, como se sua fala fosse se desencapando, desnudando suas raízes tupi; no final, ela vira um grunhido de onça — a raiz funde-se com o chão.

Disse que a metamorfose do onceiro de Rosa não era uma alegoria. Mas, e se usássemos sim "Meu tio o Iauaretê" como alegoria; como signo da não-europeidade radical, mesmo que, ou porque, residual, da língua (lato sensu) brasileira? De sua não-edipianidade, também? Meu tio, o tupi-guarani... A língua tio-materna. Gaguejo, onomatopeia, rosnado, grunhido — o estado mais distante possível do tupi de Policarpo Quaresma.[12]

Foi preciso, em suma, um antropólogo, Eduardo Viveiros de Castro, na trilha aberta por um poeta, Haroldo de Campos, para que recebesse o devido destaque a complexa operação linguística, metafísica e política (numa só palavra: poética) que está no centro de "Meu tio o Iauaretê". Operação esta que não é simplesmente de mais ou menos abstrata "invenção" (palavra-fetiche, como se sabe, para Haroldo de Campos e os demais poetas concretos), mas, sim, de uma *inquietação política* — mas também se poderia dizer *poético-antropológica* — *da própria forma da linguagem*, a qual não deixa dúvidas sobre o caráter intrinsecamente conflitivo, não passível de resolução em qualquer forma de harmonia final, da situação dialógica encenada (não por acaso, a raiz de *diálogo*, *diá*, é a mesma de *diabo* e nos diz de uma divisão ou duplicidade irreconciliável; nas palavras de Rosa: "No sertão o homem é o *eu* que não encontrou ainda o *tu*; por isso ali os anjos ou os diabos ainda manuseiam a língua"[13]). Com razão, já falava Haroldo de Campos, no seu ensaio, de "perturbação do instrumento linguístico" e de "revolução na palavra".[14] E observava que "a tupinização, a intervalos, da linguagem", no conto de Rosa, tinha "função não apenas estilística mas fabulativa".[15] "O texto fica, por assim dizer, mosqueado de nheengatu, e esses rastros que nele aparecem preparam e anunciam o momento da metamorfose, que dará à própria fábula sua fabulação, à história o seu ser mesmo."[16] Fábula, sim — mas também *profecia* a um só tempo utópica e dolorosa, que Rosa cifra no destino do seu "onceiro onçado", do seu mestiço que se faz índio. Daí que Viveiros de Castro descubra nesse conto "a presença mais poderosa do indígena na literatura brasileira", isto é, "uma história sobre o que acontece quando alguém vira índio":

> Exagerando retoricamente, direi que o único índio de verdade que jamais apareceu na literatura brasileira foi esse mestiço de branco e índia de nome africanado, Macuncôzo. Um índio-onça traidor de seu povo-onça, como tantos índios que os brancos transformaram em predadores de índio. Ao mesmo tempo, o onceiro vive um remorso brutal, que o faz ser atraído, seduzido pelas onças, até virar onça ele próprio. O traidor atraído. Essa é uma história de índio.[17]

A genialidade de Rosa está em reencenar essa tragédia de traição e atração — que é, em alguma medida, uma das "estórias" tristemente recorrentes que estruturam a "História" do Brasil[18] — não apenas no que é narrado, mas *no próprio corpo da língua*, que se revela, exatamente nesse gesto, não língua (única), mas línguas, não corpo (íntegro), mas *disjecta membra* e *cabezas cortadas*,[19] não coisa própria, mas radicalmente imprópria. Como viu, com sabedoria, Viveiros de Castro, daí não pode sair nenhuma forma linguística rediviva em sua integridade supostamente originária (o "tupi de Policarpo Quaresma"), mas, sim, a forma historicamente determinada da própria destruição: "Gaguejo, onomatopeia, rosnado, grunhido". Kathrin

Rosenfield pergunta-se, numa entrevista, "qual o papel dos grandes traumas do século XX, do Holocausto nazista por exemplo", na consolidação da "visão de mundo" de Guimarães Rosa.[20] Vale lembrar que, na mesma época em que Rosa escrevia sua obra, Mira Schendel, artista nascida na Suíça, mas filha de pai judeu tcheco e de mãe nascida da união de um alemão com uma italiana judia convertida ao catolicismo, encontrava abrigo no Brasil e produzia uma obra que, em grande parte, pode ser lida como um exploração visual da linguagem arruinada pela Segunda Guerra Mundial, a um só tempo pré-escrita (balbucios de um mundo anterior à história) e pós-escrita (gemidos de um mundo posterior à história).[21] Podemos dizer que, no tratamento inquieto das línguas em "Meu tio o Iauaretê", na constituição dessa voz de narrador que não se identifica de todo nem na língua dos índios vítimas da violência colonial (e da violência neocolonial que persiste até hoje) nem na dos "brancos" (por vezes, não tão brancos) perpetradores dela, mas que caminha sempre mais em direção ao estado atual (devastado, residual) do que foi, um dia, experiência originária, Rosa elabora o hieróglifo ou diagrama de sua apreensão da História. "A impiedade e a desumanidade podem ser reconhecidas na língua", diz Rosa na entrevista que concedeu a Günter W. Lorenz.[22] Vale frisar ainda que, como já demonstraram o mesmo Eduardo Viveiros de Castro e outro antropólogo que se formou sob sua orientação, Guilherme Orlandini Heurich, a fragmentação das palavras é um procedimento decisivo da poesia do povo Araweté, isto é, de um povo de origem tupi que habita a região do Ipixuna, no Pará.

Causa fascínio compreensível o prodígio poético que são os "cantares de inimigo" dos Araweté (foi Eduardo Viveiros de Castro, autor da primeira etnografia desse povo, quem assim os denominou, numa brincadeira com as "cantigas de amigo" medievais).[23] Esses cantos, cujas origens encontram-se nas guerras entre os Araweté e outros povos indígenas da região, são extremamente difíceis de traduzir:

> São cantos em que as palavras são decompostas e recompostas para formar novos vocábulos que, na língua araweté, não querem dizer nada. As palavras são quebradas em sílabas e, então, ligadas a sílabas de outras palavras, mas das novas composições verbais não é possível extrair um referente qualquer. Extrair o sentido dessas novas expressões, então, requer realizar um processo inverso de decomposição/recomposição, que busque encontrar as palavras escondidas sob esse véu de transformação. [...] Quando um inimigo é flechado em um confronto belicoso, o matador araweté precisa ficar deitado em sua rede por um breve período, quando o espírito desse inimigo morto o visitará para contar aquilo que viu e ouviu em sua viagem *post-mortem* até o lugar em que o "céu termina de descer" (*iwã neji pã*). Nessa viagem, o espírito do inimigo morto passa por lugares, presencia cenas e escuta conversas que ele posteriormente relata ao matador que está deitado em sua rede se recuperando dos efeitos corporais de um ato como o homicídio (ou de um ferimento infligido ao inimigo). [...] As palavras e expressões dos cantos de inimigo passam pelo processo de decomposição e recomposição durante essa viagem do inimigo morto. Quando ele conta ao matador o que viu e ouviu durante sua viagem, suas palavras já estão modificadas em forma plena e seu sentido descolado dos sentidos da língua araweté. A pessoa deitada na rede escuta os cantos, precisa memorizá-los por um tempo e, em seguida, pede aos outros araweté que uma festa seja feita para que os cantos possam ser apresentados. Essa festa é uma cauinagem, onde se bebe uma bebida amarga e levemente alcoólica chamada cauim (*kãn*), produzida pelos Araweté

a partir do milho. O cauim de milho embala a festa, cujo centro de atenção é um bloco de homens que cantam na frente das casas e que tem uma forma complexa de enunciação, pois no centro do bloco está aquele que recebeu os cantos do inimigo morto. Há um jogo de vozes em que os outros homens do bloco tentam cantar *ao mesmo tempo* que o cantor, apesar das pequenas variações que ele introduz de tempos em tempos.[24]

Heurich encontra semelhanças entre a poética araweté e os poemas de e. e. cummings, mas sobretudo com os primeiros poemas concretos como "si len cio" de Haroldo de Campos e "lygia fingers" de Augusto de Campos (não "cantos de inimigo", mas, ambos, versões vanguardistas das "cantigas de amigo"). Porém, podemos dizer que, em alguma medida, dinâmica semelhante, embora não redundando necessariamente na fragmentação de palavras, se acha em muitos textos literários em que a voz do outro — especialmente quando entre o eu e o outro há distância, sobretudo linguística — precisa ser incorporada, ou ainda, em textos cuja base está precisamente na incorporação da *voz-outra* do outro. Não por simples acaso, acredito, mas por uma convergência ou simpatia poética cujas articulações são difíceis de rastrear, o canto progressivamente conjunto dos Araweté encontra uma correspondência no canto que emerge no desfecho do conto "Sorôco, sua mãe, sua filha", também de Guimarães Rosa, quando Sorôco, depois de ver desaparecerem a mãe e a filha, suas únicas familiares conhecidas, no trem sem volta rumo ao terrível manicômio de Barbacena em que se deu aquela continuada barbárie que a jornalista Daniela Arbex chamou de "holocausto brasileiro" (com mais de 60 mil mortos),[25] passa ele também a cantar a "cantiga [...] que ninguém não entendia", cantada pelas duas, signo da loucura que servira para as mandar embora — e acaba por ser acompanhado, no seu canto também louco, pelo povo que assistia à despedida:

> Sorôco não esperou tudo se sumir. Nem olhou. Só ficou de chapéu na mão, mais de barba quadrada, surdo — o que nele mais espantava. O triste do homem, lá, decretado, embargando-se de poder falar algumas suas palavras. Ao sofrer o assim das coisas, ele, no oco sem beiras, debaixo do peso, sem queixa, exemploso. E lhe falaram: — *"O mundo está dessa forma..."*. Todos, no arregalado respeito, tinham as vistas neblinadas. De repente, todos gostavam demais de Sorôco.
> Ele se sacudiu, de um jeito arrebentado, desacontecido, e virou, pra ir-s'embora. Estava voltando para casa, como se estivesse indo para longe, fora de conta.
> Mas, parou. Em tanto que se esquisitou, parecia que ia perder o de si, parar de ser. Assim num excesso de espírito, fora de sentido. E foi o que não se podia prevenir: quem ia fazer siso naquilo? Num rompido — ele começou a cantar, alteado, forte, mas sozinho para si — e era a cantiga, mesma, de desatino, que as duas tanto tinham cantado. Cantava continuando.
> A gente se esfriou, se afundou — um instantâneo. A gente... E foi sem combinação, nem ninguém entendia o que se fizesse: todos, de uma vez, de dó do Sorôco, principiaram também a acompanhar aquele canto sem razão. E com as vozes tão altas! Todos caminhando, com ele, Sorôco, e canta que cantando, atrás dele, os mais de detrás quase que corriam, ninguém deixasse de cantar. Foi o de não sair mais da memória. Foi um caso sem comparação.
> A gente estava levando agora o Sorôco para a casa dele, de verdade. A gente, com ele, ia até aonde que ia aquela cantiga.[26]

Nesse alto momento de páthos em sua obra, Rosa fornece como que uma hipótese para a origem da poesia e da literatura. O canto não vem do nada ou de si mesmo: nem criação *ex nihilo* nem efusão simplesmente subjetiva, nasce como réplica diferida — transcrição ou transcriação tardia — de vozes antecedentes (no caso, as vozes da mãe e da filha, depois que saem de cena). O canto não vem da razão, mas do choque da razão com seus avessos (no caso, a loucura). O canto não é adequação à forma do mundo, mas contraposição ao fato de que "está dessa forma": é menos forma que contraforma. O canto não resulta do domínio das palavras, mas, antes, da própria impossibilidade de falar. Não é experiência do eu ou do significado, mas o que emerge do "perder o de si", do "parar de ser", do "excesso de espírito", do "fora de sentido". Não declaração individual, mas convocação coletiva. Não promete retorno para qualquer "casa" prévia, mas constrói ele mesmo, no ar, uma nova, precária casa ("A gente, com ele, ia até aonde que ia aquela cantiga"[27]). Única casa ou pátria definitiva: a morte.

II

Comecei falando da passagem de um texto inicialmente marginal — "Meu tio o Iauaretê" — para uma posição mais ou menos central no cânone da obra rosiana. No entanto, há textos que, desde o início e muito provavelmente até o fim, continuarão a ser marginais — e que, não obstante, justo nessa posição à margem, que é também uma posição de maior liberdade e explicitude, melhor ajudam a iluminar, em conexão com os textos centrais e com aqueles em deslocamento rumo ao centro, o que está no centro e, sobretudo, aquilo que está em questão nesse centro, assim como os métodos adotados ou desenvolvidos pelo escritor para lidar com os aspectos menos pacíficos do núcleo de significação de sua obra. É o caso, por exemplo, de um conto como "Makiné", um dos quatro textos publicados por Rosa na imprensa antes de lançar seu primeiro livro, *Sagarana*, que é de 1946. O conto só seria publicado em livro em 2011 (*Antes das primeiras estórias*).

"Makiné" saiu no suplemento dominical de *O Jornal* em 9 de fevereiro de 1930. É um conto bastante estranho, de teor literário pífio, em que muito pouco se acha de caracteristicamente "rosiano". Talvez apenas o tema do encontro — mais exatamente, confronto — com a cultura ameríndia, que ganhará sua versão mais madura e consequente em "Meu tio o Iauaretê", deixe pressentir o autor em formação. E temos também a paisagem que dá título ao conto, que é a da Gruta do Maquiné, localizada na Cordisburgo natal de Rosa, e que reaparecerá num poema de *Magma* e também como um dos cenários de "O recado do morro". Em "Makiné", o escritor — que tinha 21 anos quando o conto foi publicado — já recorre a um desvio da história por meio do mito, procedimento frequente ao longo de toda sua obra, porém valendo-se, naquele momento, de um recurso à imaginação estereotipada dos romances infantojuvenis de aventura em vez de mobilizar o vasto amálgama de referências literárias e culturais próprio de sua ficção: sua narrativa, aqui, não trata de portugueses ou brancos já brasileiros encontrando indígenas, mas, sim, de fenícios chegando às terras dos Tupinambá muito antes do "descobrimento", acompanhados de escravos e de dromedários, em busca de metais e pedras preciosas, de madeira e de animais para eles exóticos, como macacos e papagaios. Ouve-se, ao longo do conto, somente as palavras ditas pelos próprios fenícios (que recordam, por exemplo, sua vasta experiência em impor domínio a "índios" de todo o mundo[28]). A fala indígena aparece, no conto, apenas por duas vezes, a primeira como grito de horror diante do sacrifício de um menino tupinambá, o primeiro de dez exigidos pelo sacerdote dos invasores, Kartpheq — grito mais descrito do que propriamente transcrito:

— "Uhú! Uhú!", gemeram alguns na multidão dos selvagens.[29]

As previsíveis "súplicas e queixas desesperadas" das mães calavam-se diante da obediência dos chefes tupinambás aos fenícios. Porém, quando enfim chega a vez do sacrifício de uma mulher adulta, esta chama pelo nome de seu amante (eis a segunda e última fala indígena registrada no conto):

— "Piraintatá"![30]

É esta segunda fala que rompe com a obediência ("Quebrou-se o encantamento") e precipita a vingança dos Tupinambá contra Kartpheq. O onceiro-onça, em alguma medida, já está aqui, mas alienado, ainda, de sua linguagem: "Um retesar de músculos, um bote de pantera, um grito rouco de guerra, e a tribo inteira se arrojava empós ele, como um enxame de marimbondos vibrando clavas e lanças".[31] O sacerdote consegue fugir, com outros três fenícios, para dentro da gruta onde haviam encontrado e escondido diamantes, porém ali são todos emparedados. Em seguida, há festa entre os Tupinambá, para celebrar a libertação com relação aos exploradores fenícios e o casamento de Aytira, a jovem que se salvara do sacrifício, e seu amado Piraintatá. O final do conto avança no tempo, alcançando o presente. A história figura-se aí como mineralização (como se o empedramento da gruta se tornasse, agora, empedramento de tudo — e este, não esqueçamos, é um percurso muito brasileiro, que liga, por exemplo, *Os sertões* às famosas pedras de Drummond e Cabral), e uma profética ameaça de revide parece ter em mira esses outros "fenícios" que são os descendentes dos colonizadores europeus (não por acaso, os fenícios do conto de Rosa referem-se a si mesmos como "brancos" diante dos "vermelhos"):

> Durante séculos a pedra grande porejou água, e a água levantou estalagmites, escondendo o poço entupido.
> Assim, é bem pouco provável que se descubram algum dia os diamantes de "Sumé" e os restos dos quatro fenícios entranhados vivos nos subterrâneos de Makiné.[32]

O que mais se percebe em "Makiné", sobretudo se o comparamos com "Meu tio o Iauaretê", é a surdez do autor às falas indígenas. Ao figurar os Tupinambá, temos apenas imaginação, sem qualquer escuta.

Isso parece começar a se alterar somente num relato de viagem publicado em 25 de maio de 1954, dois anos antes de *Grande sertão: veredas*, talvez na mesma época da composição de "Meu tio o Iauaretê", e só reunido em livro, também postumamente, em *Ave, palavra*, de 1970. O exercício da escuta está assinalado desde o título, assim como a equação entre povo e palavra, entre ser e linguagem, entre ontologia e antropologia, equação fundamental para o Rosa maduro (e que está na base da constituição da própria figura do narrador em "Meu tio o Iauaretê" e, claro, em *Grande sertão: veredas*); o título é "Uns índios (sua fala)". Trata-se de outro daqueles textos marginais sem pretensão de centralidade mas com boa capacidade de iluminar o centro com luz oblíqua e, por isso mesmo, reveladora.

Rosa conta aí de um encontro, no Mato Grosso, com os "Terenos, povo meridional dos Aruaks".[33] Hoje mais conhecidos como Terena, são, em sua imensa maioria, bilíngues; vêm de longe as tentativas de assimilá-los completamente à cultura nacional, isto é, de fazer terra arrasada de sua indianidade — como lembra Rosa, serviram na Guerra do Paraguai e, deles, e especialmente de seu chefe, Chico das Chagas, dá notícia

Taunay na *Retirada da Laguna*. O centro do relato de Rosa encontra-se na breve conversa com dois índios — "moços e binominados: um se chamava U-la-lá, e também Pedrinho; o outro era Hó-ye-nó, isto é, Cecílio" (e aqui, nesta notação de Rosa, assinale-se que já está prefigurada a proliferação dos nomes do onceiro em "Meu tio o Iauaratê", por sua vez prefiguração, podemos arriscar, da proliferação dos nomes do Diabo em *Grande sertão: veredas*, livro no qual ouvimos da voz de Riobaldo: "Quem tem mais dose de demo em si é índio, qualquer raça de bugre"[34]). O que logo chama a atenção de Rosa, na conversa, é a singularidade da língua de seus interlocutores. A partir desse momento, podemos dizer, a escrita não existe sem escuta; escrever é escutar:

> A surpresa que me deram foi ao escutá-los coloquiar entre si, em seu rápido, ríspido idioma. Uma língua não propriamente gutural, não guarani, não nasal, não cantada; mas firme, contida, oclusiva e sem molezas — língua para gente enérgica e terra fria. Entrava-me e saía-me pelos ouvidos aquela individida extensão de som, fio crespo, em articulação soprada; e espantava-me sua gama de fricativas palatais e velares, e as vogais surdas. Respeitei-a, pronto respeitei seus falantes, como se representassem alguma cultura velhíssima.[35]

Mais adiante, no mesmo texto, retoma esta ideia numa formulação lapidar: "Toda língua são rastros de velho mistério".[36] Seria fácil traduzir esse "mistério" em termos ainda mais misteriosos, e pressupor, como muitas vezes já se fez, e escudados nisso pelo próprio Rosa, um Rosa "místico". Porém, como bem notou João Adolfo Hansen, em Rosa está em questão, sempre, antes o mítico que o místico, e antes, também, o "mato" que o mito.[37] E podemos dizer também: antes a morte que o próprio mato (a morte do mito, a morte do mato, a morte da morte). Não esqueçamos que é de dentro da morte que nos fala o onceiro de "Meu tio o Iauaretê" — o que faz dele, como bem notou Ettore Finazzi-Agrò, uma espécie de inesperado duplo de Brás Cubas como "autor defunto".[38] No entanto, frise-se, essa morte não é figurada de modo inequívoco, e o *freeze-frame* detectado por Viveiros de Castro não deve ser menosprezado: porque, nesse homicídio congelado no ar, é também a possibilidade da sobrevivência que se insinua. De resto, é justamente uma figura da morte mas também da vida, e conjugada a ela a fala do outro como opacidade, que Rosa ouve, na língua dos "Terenos", como uma espécie de descoberta tardia (como sempre acontece com a morte) depois de uma falsa primeira descoberta:

Apenas tive tempo de ir anotando meu pequeno vocabulário, por lembrança. Mais tarde, de volta a Aquidauana, relendo-o, dei conta de uma coisa, que era uma descoberta. As cores. Eram:

vermelho — a-ra-ra-i'ti
verde — ho-no-no-i'ti
amarelo — he-ya-i'ti
branco — ho-po-i'ti
preto — ha-ha-i'ti

Sim, sim, claro: o elemento *i'ti* devia significar "cor" — um substantivo que se sufixara; daí, a-ra-ra-i'ti seria "cor de arara"; e por diante. Então gastei horas, na cidade, querendo averiguar. Valia. Toda língua são rastros de velho mistério. Fui buscando os terenos moradores de Aquidauana: uma cozinheira, um vagabundo, um pedreiro, outra cozinheira — que me sussurraram longas coisas, em sua fala abafada, de tanto finco. Mas *i'ti* não era aquilo.

Isto é, era não era. *I'ti* queria dizer apenas "sangue". Ainda mais vero e belo. Porque, logo fui imaginando, *vermelho* seria "sangue de arara"; *verde*, "sangue de folha", por exemplo; *azul*, "sangue do céu"; *amarelo*, "sangue do sol"; etc. Daí, meu afã de poder saber exato o sentido de *hó-no-nó*, *hó-pô*, *há-há* e *hê-yá*.

Porém, não achei. Nenhum — diziam-me — significava mais coisa nenhuma, fugida pelos fundos da lógica. Zero nada, zero. E eu não podia deixar lá minha cabeça, sozinha especulando. *Ná-kó i-kó?* Uma tristeza.[39]

"*Ná-kó i-kó? Ná-kó i-kó?*" é a pergunta irônica que fazem os outros índios, repetidamente, ao companheiro que tenta ensinar a Rosa rudimentos da sua língua. Significa (se Rosa estiver certo...) "Como é que vamos? Como é que vamos?". Essa indefinição e a impossibilidade de resposta para essa pergunta ("Como é que vamos?" é também "Até onde vamos?"[40]) são fundamentais. Não por acaso, a questão central da língua, ou, melhor, das línguas, em "Uns índios (sua fala)", acaba por se revelar uma questão de *cor* que é também uma questão de *sangue*. Da frase final de outro texto publicado em *Ave, palavra*, sobre uma viagem à região do Pantanal — texto portanto, em alguma medida, conexo geograficamente a "Uns índios (sua fala)" —, podemos depreender que, para Rosa, o advento da cor sinaliza o próprio ingresso na história: "De que abismos nascemos, viemos? Mas no princípio era o querer de beleza. No princípio era sem cor".[41] Nesse mesmo texto, lemos a descrição de um jardim semissubmerso ("toda uma flora alagã de irmãs ninfas"):

E cores: bluo, belazul, amarelim, carne-carne, roxonho, sobrerrubro, rei-verde, penetrados, violáceos, rosaroxo, um riso de róseo, seco branco, o alvor cruel do polvilho, aceso alaranjo, enverdes, ávidos perverdes, o amarelo mais agudo, felflavo, felflóreo, felflo, o esplâncnico azul das uvas, manchas quentes de vísceras. Cores que granam, que geram coisas — goma, germes, palavras, tacto, tlitlo de pálpebras, permovimentos.[42]

Com efeito, João Adolfo Hansen identificou, no cerne da máquina narrativa do *Grande sertão: veredas*, uma "fala antropófaga" — que pode também ser dita "fala *dupla*", "fala agônica" ou "discurso agonístico e bélico"[43] — que traz, implicadas, as tantas *falas massacradas*, aliás, pela primeira vez em situação de primazia, ocupando, por exemplo, a posição de narrador, e não numa qualquer clareza forçada, mas, muitas vezes, na sua própria indeterminação, na sua própria obscuridade (de mito, mato e morte). Aqui, nas vozes de narradores como Riobaldo ou como o onceiro-onça, fala não mais transcrita a partir de uma perspectiva externa e superior, douta, como ocorre ainda em "Uns índios (sua fala)", mas fala que nos chega de dentro da situação, isto é, de dentro do conflito, portanto ela mesma fala conflituosa. São essas as falas sertanejas, mas também as falas índias. Será possível ler *Grande sertão: veredas* como uma resposta não só aos *Sertões* de Euclides da Cunha,[44] mas, antes, ao massacre de Canudos que é seu tema? É, por sua vez, "Meu tio o Iauaretê" uma resposta ao genocídio das populações nativas da terra hoje brasileira — e, portanto, também uma reinscrição dessas populações na letra?[45] O fundamental é que, em ambos os casos, seja no tempo de Rosa, seja ainda hoje, esses dois morticínios não são fenômenos históricos isolados no passado, mas fatos que, pela continuidade efetiva (sertanejos e índios continuam a ser massacrados), assim como pelas repercussões continuadas (o Brasil contemporâneo é o resultado desses massacres), continuam a acontecer. O principal "mistério", de que "todas as línguas" são "rastros", é a história. Diz Rosa, num dos quatro prefácios — "Aletria e hermenêutica" — de *Tutameia*: "A estória não quer ser história. A estória, em rigor, deve ser contra a História".[46] Ora, o que se inscreve nesse adágio é a ideia da "História" como uma espécie de pano de fundo contra o qual aparece a "estória"; a estória, ao não querer ser História, não anula a História, mas é talvez um outro modo de pensá-la e contá-la, a contrapelo, como queria Walter Benjamin. A língua, em suma, diz o sangue: é uma língua-sangue. Isto é: uma língua-páthos. A dimensão corpórea da língua não é só uma dimensão dançante, mas também sangrante, gritante, dolorosa; e, antes, a própria dança pode ser expressão de uma dor — dor que pode ser pessoal sem deixar de ser coletiva — que não se diz e que pode se confundir, nos paradoxos e dilacerações do páthos, com uma forma de estranha alegria (veja-se o final magistral de "Sorôco, sua mãe, sua filha"). Está aí, talvez, a raiz do "expressionismo" que Gianfranco Contini viu em Rosa.[47]

Neste ponto, podemos formular duas hipóteses.

A primeira: se a escuta da fala indígena — ou, mais exatamente, das falas indígenas — tem sido, ao longo da história da literatura brasileira, um procedimento decisivo para a configuração das mais variadas poéticas, do romantismo, pelo menos, até o presente, observamos em Rosa uma importante inflexão em que a língua indígena vem para o primeiro plano não em qualquer forma pura ou íntegra, mas precisamente como ruína e testemunho concreto da destruição e também da incomunicação entre mundo indígena e mundo "branco" (nacional). Característica fundamental dessa escuta (dessas escutas, já que também são múltiplas como as falas) é a força poética — e mesmo política — que, nela (nelas), podem adquirir mal-entendidos, equívocos, incompreensões, superinterpretações.

A segunda: se, como diz Dawid Danilo Bartelt, "o sertão nasceu da morte dos indígenas",[48] pergunto-me se não podemos ver grande parte do esforço auditivo e transcritivo de Guimarães Rosa, de que dão prova suas famosas cadernetas, como uma tentativa de escutar também essas vozes indígenas canceladas, mas de algum modo inscritas na linguagem — e na paisagem — do sertão. O próprio Rosa, numa espécie de reportagem sobre um encontro de vaqueiros promovido por Assis Chateaubriand, sugere algo semelhante ao axioma de Bartelt, ao falar dos vaqueiros sertanejos como herdeiros dos índios.[49] Se, além disso, somamos à precisa formulação de Bartelt a conhecida máxima poética de Rosa segundo a qual "o sertão é o mundo", é algo como a voz mesma do mundo que nos colocamos a ouvir e tresouvir, a transcrever e reescrever. A poesia — a literatura — talvez não tenha tarefa política — cosmopolítica — maior senão fazer-se a letra possível, a letra tateante, indecisa, equivocada, dessas vozes caladas, canceladas, subterrâneas. Como sabemos, a pergunta do título de Spivak — "Pode o subalterno falar?" — comporta uma resposta negativa: "O subalterno não pode falar".[50] Mas antes dessa resposta, Spivak reivindica Derrida contra Foucault e Deleuze, assinalando que ele alerta para "o perigo de se apropriar do outro por assimilação" e, por isso mesmo, "clama por uma reescrita do impulso estrutural utópico como forma de 'tornar delirante aquela voz interior que é a voz do outro em nós'".[51] A questão que se põe para os leitores, diante de um texto como o de Rosa, que jamais se furta ao *delírio* da voz e da linguagem, é outra, ligeiramente desviante: *Pode o subterrâneo cantar?* E mais: *estamos preparados para escutar (isto é, transcrever) essa canção?* Escutar — segundo o próprio Rosa — é sempre esperar "ouvir uma revelação".[52]

III

Conforme formula Ettore Finazzi-Agrò, a "figuração do índio na cultura brasileira" coloca sempre de novo em cena uma "origem em ausência".[53] Porém, devemos observar que essa "origem" não é um momento perdido no tempo pretérito, não se confunde com uma "antiguidade" que se define por oposição a uma "modernidade" (e é precisamente por essa oposição, porém, que começa o ensaio de Finazzi-Agrò), mas é, a despeito de todos os massacres passados e presentes, uma força ainda atuante em nossa época e para além dela (e, portanto, também não está propriamente "em ausência"). É algo que, quando irrompe no tecido do agora, inquieta — porque foi e é recalcado, e, como bem sabemos desde Freud, tudo aquilo que excluímos de modo problemático da consciência costuma retornar com alguma violência. De resto, vale lembrar a decisiva asserção de Eduardo Viveiros de Castro segundo a qual "a indianidade é um projeto de futuro, não uma memória do passado".[54] Dito com outras palavras (que são não apenas de Viveiros de Castro, mas também de Déborah Danowski, num livro que tira seu título — *Há mundo por vir?* — do *Guesa* de Sousândrade): os índios são "uma 'figuração do futuro', não uma *sobrevivência do passado*".[55] Índio, diz ainda Viveiros de Castro, "não é um conceito que remete apenas, ou mesmo principalmente, ao passado — é-se índio porque se foi índio —, mas também um conceito que remete ao futuro — é possível voltar a ser índio, é possível tornar-se índio".[56] E é precisamente esse movimento de "tornar-se índio", de *virar índio* (para falar como Oswald de Andrade) ou *devir-índio* (para falar como Gilles Deleuze), que está na base de "Meu tio o Iauaretê". Rosa — como Sousândrade, como Oswald, como Mário — dá-nos um exemplo do que pode acontecer com a língua (com as línguas) e com "essa estranha instituição chamada literatura"[57] quando a cultura da letra (e do olho) desliza para a cultura da voz (e do ouvido), quando, isto é, a literatura se faz "índia" — não propriamente *indígena*, mas, em alguma medida, também *alienígena*, sem nenhuma contradição que não aponte para alguma dialética, porque decisiva aqui é precisamente a mudança de perspectivas e de vozes, que Oswald de Andrade, de resto, resumiu tão bem na fórmula do "Manifesto Antropófago": "Só me interessa o que não é meu".[58]

Se há, de fato, "ausência" dessa "origem", isso se deve também, sobretudo, à deliberada recusa da sociedade brasileira em enxergá-la onde ela está. É emblemático disso o episódio recordado por Lévi-Strauss, em *Tristes trópicos*, sobre um encontro que teve em Paris, antes de sua viagem para o Brasil, com o embaixador Luiz Martins de Souza Dantas (aliás, um herói da Segunda Guerra Mundial, por ter contrariado as ordens do governo Vargas e ter concedido mais de mil vistos a judeus, homossexuais e comunistas em fuga do nazismo). No encontro, Souza Dantas tenta demover Lévi-Strauss de estudar os índios brasileiros:

> Índios? Ai! meu caro senhor, já desapareceram há muitos lustros! Oh! é uma página bem triste, bem vergonhosa, da história do meu país. Mas os colonos portugueses do século XVI eram homens ávidos e brutais. Como censurar-lhes ter participado da rudeza geral dos costumes? Eles agarravam os índios, amarravam-nos às bocas dos canhões e estraçalhavam-nos vivos, a tiros. Foi assim que os destruíram, até ao último. O senhor, como sociólogo, vai descobrir coisas apaixonantes no Brasil, mas deixe de pensar em índios, pois não mais encontrará nenhum...[59]

O antropólogo comenta em seguida:

Quando evoco hoje em dia essas palavras, elas me parecem incríveis, mesmo na boca dum grã-fino de 1934 e, lembrando-me a que ponto a alta sociedade brasileira de então (felizmente, mudou depois disso) tinha horror de qualquer alusão aos indígenas e mais geralmente às condições primitivas do interior, a não ser para admitir — e mesmo sugerir — que uma tataravó índia se encontrava na origem duma fisionomia imperceptivelmente exótica, e não algumas gotas, ou litros, de sangue negro que se tornava de bom-tom (ao contrário dos antepassados da época imperial) tentar fazer esquecer. Entretanto, a ascendência índia de Luiz de Souza Dantas era visível e ele poderia facilmente glorificar-se dela. Mas, brasileiro de exportação que desde a adolescência adotara a França, perdera até o conhecimento do estado real do seu país, que se substituíra na sua memória por uma espécie de chapa oficial e distinta. Na medida em que certas recordações haviam permanecido, ele preferia, também, segundo suponho, manchar os brasileiros do século XVI, para desviar a atenção do passatempo favorito dos homens da geração de seus pais, e mesmo ainda do tempo da sua juventude: isto é, recolher nos hospitais as roupas infectadas dos variolosos, para pendurá-las com outros presentes ao longo dos caminhos ainda frequentados pelas tribos. Graças ao que foi obtido este brilhante resultado: o estado de São Paulo, tão grande quanto a França, que os mapas de 1918 ainda indicavam, em seus dois terços, como um "território desconhecido habitado somente por índios", já não contava um só índio, quando aí cheguei em 1935, salvo um grupo de algumas famílias localizadas no litoral, que aos domingos vinham vender pretensas curiosidades nas praias de Santos. Felizmente, faltando nos arrabaldes de São Paulo, os índios ainda existiam, a cerca de 3 mil quilômetros no interior.[60]

Lévi-Strauss, como se sabe, acabou indo aos índios inexistentes, como Rosa também foi. Afinal, *longe* ("a cerca de 3 mil quilômetros no interior"), mas também, sobretudo, *dentro* (na "ascendência indígena [...] visível" nas feições dos brancos, na presença perturbadora nos domingos de praia) — seja onde for, "os índios ainda existiam". A "origem em ausência" não é um mito encapsulado num outro tempo, no passado inacessível, mas é, sim, um outro tempo — um agora intempestivo — que interfere no "nosso" tempo ("nosso": de ocidentais deslocados, de falsos ocidentais), colocando em questão, antes de tudo, a forma mesma desse tempo, com sua linearidade tecnoteleológica que é fruto daquela "modernização" generalizada de que o colonialismo — com o extermínio e a assimilação das populações nativas que lhe são congeniais — é parte fundamental. Mesmo e sobretudo quando esse extermínio e essa assimilação nunca se completam de todo, sendo eles mesmos também fatos do presente, mais do que episódios do passado.

Vale lembrar, de resto, que "origem em ausência" poderia ser também uma fórmula definidora da especificidade da palavra literária. O autor, a rigor, escreve palavras que não são suas: a autoria, ao contrário do que sugerem os chamados "direitos autorais", não é uma forma de propriedade, mas um sistema oscilatório de tomadas de posse (ocupações) e retomadas de posse (despejos), de possessões e despossessões. Oswaldo Costa pressentiu algo do tipo quando, no quadro da Antropofagia, colocou "a posse contra a propriedade".[61] A irreparável defasagem entre significante e significado — que estrutura e percorre toda a linguagem, mas é explorada especialmente pelos escritores — nos diz exatamente desse tipo de experiência. Quando, a essa defasagem, se sobrepõe a diferença entre as línguas, e quando essa diferença linguística é interna a um mesmo território geopolítico, como ocorre com as línguas indígenas no Brasil (ou os dialetos em outros contextos), o exercício literário se faz, inevitavelmente, exercício político. Podemos imaginar, a partir disso, uma história crítica da literatura brasileira em que as vozes dos índios — seus cantos de alegria, mas também seus gritos de horror, e vice-versa — seriam enfim vistas (ouvidas) como uma das tantas origens imprevistas que continuam a pulsar e alimentar as letras dos escritores: mas, sobretudo, que continuam a inquietá-las, estranhá-las, *aletrá-las*.[62] Platão, no *Íon*, nos fala do poeta como aquele que canta sobre o que não conhece com palavras que, a rigor, não são suas. Se isso, em Platão (que faz suas, aliás, palavras de Sócrates e de um bom número de interlocutores do filósofo), é interpretado como um fato negativo, talvez hoje tenhamos que mudar a perspectiva e ver como aí está talvez o grande privilégio da palavra literária frente às demais formas da palavra que se baseiam em pretensas certezas, no valor do indiscutível, na refutação do ruído, na confirmação do domínio. Um poeta que "domina" sua arte é uma contradição em termos. A "oralidade perdida" de que nos fala Andrea Daher[63] é também a indianidade suprimida, reprimida, recalcada. E uma e outra voltam.

IV

Guimarães Rosa é um poeta da insuficiência da letra — e, por isso mesmo, também do seu excesso: engendra sua literatura aliterante e desletrada[64] precisamente a partir da hesitação e do deslizamento constantes entre a letra (sem a qual, a começar pela perspectiva etimológica, não há literatura em sentido estrito) e a voz, não, porém, como mera invocação da oralidade contra a escrita, mas, sim, como exploração arqueológica (e arqueofônica[65]) do intervalo entre uma e outra. Um exemplo micrológico disso está na insistência do autor em grafar a palavra "dança" com *s* em vez de *ç*, numa espécie de *mímesis* gráfica da gestualidade dançante, que, porém, nada altera na pronúncia (numa espécie de antecipação rosiana da *différance* de Derrida).

O próprio Riobaldo — o falante por excelência — se faz, ao longo de sua vida (e do romance), *leitor*: é um homem de ação que se transforma, com os anos, em homem de palavra e, na sua medida, em homem de *letras*. É dito, pelas tantas, "um professor de mão-cheia" que "explicava aos meninos menores as letras e a tabuada".[66] Mais um desses tantos paradoxos que travejam essa "estória" de "um jagunço que acabou com a jagunçagem".[67] No entanto, o próprio Rosa fundamenta, o tempo todo, suas letras nas falas alheias: isto é, na escuta que se faz escrita. O que tem consequências poéticas mas também políticas: estamos, afinal, diante de uma obra que, na sua realização maior, *Grande sertão: veredas*, tematiza justamente a difícil passagem do mundo dos jagunços ao mundo da *lei*, que é também o mundo da *letra* — passagem que é difícil não só porque, num país com as características formativas do Brasil, a persistência das estruturas sociais pré-modernas parece ser o contrapeso inevitável (ao mesmo tempo que a oculta face mais verdadeira) da aceleração brutal que empurra tudo à modernização niveladora e só supostamente mais racional e consequente, mas também porque, do ponto de vista de um escritor como Rosa, o fim do mundo arcaico seria também o fim da possibilidade da poesia. Na poesia, aliás, assim pensada e praticada, estaria justamente a redenção daquele mundo, seu "perdão": "Ser poeta é já estar em experimentada sorte de velhice. Toda poesia é também uma espécie de pedido de perdão".[68] Não por acaso, a ética, em contraste com a lei-letra, é vista como uma "soletração" interna, que nunca se realiza de todo, que existe em estado de iminência e emergência: "Mas só do modo, desses, por feio instrumento, foi que a jagunçada se findou. Senhor pensa que Antônio Dó ou Olivino Oliviano iam ficar bonzinhos por pura *soletração* de si, ou por rogo dos infelizes, ou por sempre ouvir sermão de padre?".[69] A inexistência mesma do diabo é uma experiência desse soletrar: "Ah, então: mas tem o Outro — o figura, o morcegão, o tunes, o cramulhão, o debo, o carocho, o pé-de-pato, o mal-encarado, aquele — o-que-não-existe! Que não existe, que não, que não, é o que minha alma soletra".[70] Mas, assim como Rosa está o tempo todo indo em direção a uma ética precedente à lei, e daquela volta a esta, também o seu movimento entre letra e voz é pendular ou circular. Como bem disse João Adolfo Hansen a propósito da "fala antropófaga" de Riobaldo transcrita pelo interlocutor calado, estamos diante de "uma fala que destrói outras falas lineares sobre si mesma, avançando por elipses e denegação".[71] Temos aí um narrador que cede a voz ao jagunço, mas que, no final das contas, é ele mesmo o inventor desse jagunço. Não há como sair desse círculo — a não ser admitindo-se que um narrador como Riobaldo ou como o Macuncôzo de "Meu tio" é sempre, menos que figura de gente, parte decisiva mas instável de um jogo de mútuas possessões e despossessões entre autor empírico e personagem narrador, entre narrador e narrado, entre letra e voz, entre cultura douta (doutora) e cultura dos povos. A voz do sertão também se inventa a partir dos dicionários, não só a partir do que se ouviu in loco. Costumamos saber com relativa segurança, em Rosa, de quem é a voz, mas jamais podemos assegurar de quem é a letra. Talvez porque a letra — ao contrário da voz, que está sempre ligada a um corpo (e a um *eu*) — seja aquela instância em que a linguagem começa a despossuir-se exatamente no momento em que fantasia fixar-se. "Tudo é então só para se narrar em letra de fôrma? [...] Tudo está escrito; leia-se, pois, principal, e reescreva-se."[72]

Todo o *Grande sertão: veredas* se constrói entre dois signos gráficos que se acham antes e depois das letras (inclusive do ponto de vista editorial — mas não só): o travessão (—) que marca o início do monólogo de Riobaldo e a lemniscata (∞) que assinala o seu fim como infinitude, como abrir-se derradeiro da letra à voz e vice-versa, por intermédio do silêncio. Este derradeiro símbolo do infinito, diz Marília Librandi Rocha, age "como se a fala, a partir de então, continuasse enquanto potência de voz".[73] Mas o que é uma *potência de voz* assim projetada? Como ela se mantém no limiar da evocação, da invocação, da convocação?

Em outro texto reunido no póstumo *Ave, palavra*, o kafkiano conto "Subles", Guimarães Rosa faz da linha cruzada — fenômeno característico da fase primitiva da telefonia — uma espécie de síntese alegórica dos problemas de comunicação linguística, mas também das potências da incomunicação (vale lembrar que Clara Rowland flagrou, em "Meu tio o Iauaretê", uma "poética da ilegibilidade" que atravessaria a obra toda de Rosa[74]). Na linha cruzada, o som ao redor, na forma de interferência, se torna interno ao diálogo e, antes, à própria fala. Daí a importância da "função fática" da linguagem, tal como descrita por Roman Jakobson, no discurso de Riobaldo e, em alguma medida, ao longo de toda a obra de Rosa: aqueles usos da linguagem que "servem fundamentalmente para prolongar ou interromper a comunicação, para verificar se o canal funciona [...], para atrair a atenção do interlocutor ou confirmar sua atenção continuada", "pendor para o contato" que se realiza muitas vezes por meio de "uma troca profusa de fórmulas ritualizadas", esforço para eliminar a linha cruzada que, ao mesmo tempo, é a sua mais plena incorporação como incessante origem da linguagem na qual coincidem insuficiência e excesso, em suma, desgaste. Afinal, a função fática é precisamente o ponto em que a linguagem humana, na caracterização de Jakobson, descobre, em si mesma, sua insistente face animal e infantil, que a máscara do adulto falante mal consegue recobrir.[75] Sua face, também, a um só tempo indígena e alienígena, ou nem só indígena nem só alienígena, isto é, rigorosamente antropófaga. "*Ná-kó i-kó? Ná-kó i-kó?*", repetiam os Terena e registrava Rosa, sem jamais entender de todo o que diziam. *Jamais entender de todo*, sem desistir, porém, de tentar entender: há outra divisa para o leitor de poesia, nome secreto de toda a literatura? Há, de resto, outra divisa para os inquilinos da Terra?

O errante, a terra

Elle entrega-se à grande natureza;
Ama as tribus; rodeiam-n'o os selvagens.

Joaquim de Sousândrade,
O Guesa, I (1858)

Todo pensamento é já uma tribo, o
contrário de um Estado.

Gilles Deleuze e Félix Guattari,
Mil platôs: Capitalismo e esquizofrenia (1980)

Roteiros. Roteiros. Roteiros. Roteiros.
Roteiros. Roteiros. Roteiros.

Oswald de Andrade, "Manifesto
da Poesia Pau-Brasil" (1924)

"Eia, imaginação divina!"
    Assim Sousândrade, com o que parece ser uma invocação sumamente romântica, que logo se revela, porém, antes de tudo, uma exclamação (não menos romântica), dá início a seu grande poema, *O Guesa*.[1] Trata-se, porém, de uma exclamação que determina e marca imediatamente, já no primeiro verso do poema, uma interrupção, uma quebra: o decassílabo se recorta em dois quase-versos.

    Eia, imaginação divina!
              Os Andes
  Volcanicos elevam cumes calvos,
  Circumdados de gelos, mudos, alvos,
  Nuvens fluctuando — que espetac'los grandes!

> Lá, onde o poncto do kondor negreja,
> Scintillando no espaço como brilhos
> D'olhos, e cae a prumo sobre os filhos
> Do lhama descuidado; onde lampeja
> Da tempestade o raio; onde deserto,
> O azul sertão formoso e deslumbrante,
> Arde do sol o incendio, delirante
> Coração vivo em céu profundo aberto![2]

Aquela quebra no interior do primeiro verso parece antecipar uma cisão mais profunda entre essa estrofe inicial — uma visão sublime da natureza — e a que se segue. Afinal, se foi preciso, aos olhos do poeta, uma "imaginação divina" para conceber os Andes em toda essa altivez, só uma *imaginação terrena* parece dar conta do que se diz no prosseguimento do poema, que é a rememoração de um massacre, a rememoração do massacre dos indígenas pelos conquistadores espanhóis. E será uma *imaginação terrena* que veremos atuar ao longo de todo o poema, numa oscilação constante com isso que se propõe aqui como imaginação divina. Augusto de Campos já chamou a atenção, no *Guesa*, para a "esgarçada semântica" decorrente do "estilo fragmentário" em que se alternam "pregnantes imagens da natureza com impressões vivenciais lírico-biográficas".[3] Na verdade, as duas abordagens não se separam em Sousândrade: o *Guesa* nos propõe uma experiência inquieta e inquietante da natureza, marcada o tempo todo pelos males da colonização, que não têm fim. As imagens de uma natureza originária, intocada, aparecem apenas em contraste com a destruição presente, e também elas se deixam abalar pela imaginação terrena, que produz alegorias do horror — veja-se, na primeira estrofe citada, o realce que se dá à ameaça do condor ao filhote de lhama, ao passo que o "coração vivo em céu profundo aberto" — belíssima imagem para o sol — retoma o coração do Guesa, arrancado, que aparece nas epígrafes. Natureza, para Sousândrade, é história. Daí que o poeta constantemente se refira às paisagens naturais como se fossem construções humanas, arquitetura — e reveja, por exemplo, Veneza na ilha do Marajó.

O Guesa é aquele que não apenas ouve os povos aniquilados — a "tribo extinta" de que se fala no canto segundo, por exemplo —, mas igualmente a própria natureza. Não só ouve, mas nos convida a ouvirmos com ele, a prestarmos atenção àquele universo ameaçado:

    Oiçamos... o fervor de extranha prece,
        Que no silencio a natureza imita
        De nossos corações... aquem palpita...
        Além suspira... além, no amor floresce...
    Porque eu venho, do mundo fugitivo,
        No deserto escutar a voz da terra:
        — Eu sou qual este lirio, triste, esquivo,
    Qual esta brisa que nos ares erra.[4]

O poeta, portanto, como aquele que se põe a "escutar a voz da terra": uma imaginação terrena é, antes de tudo, uma *imaginação da terra*. E a rima, aí, não é insignificante. *Erra* é a rima preferencial para *terra* no *Guesa*:[5] o que me parece ser um indicador de que *terra* evoca, para Sousândrade, sempre, antes de tudo, *errância*, e não pertencimento (ou, pelo menos, nenhuma forma simples de pertencimento). Essa errância — esse não-pertencimento — se inscreve na identidade mesma do personagem. Embora o Guesa seja um personagem originariamente muísca, Sousândrade o concebe como uma figura compósita, com elementos que são incas e outros dos índios amazônicos. Além disso, confere ao Guesa, em alguma medida, sua própria história. Ademais, ao fazê-lo percorrer a América, torna sua identidade flutuante. Sousândrade é um autor propício para quem, como Marília Librandi Rocha, se proponha "olhar aquilo que dentro do Brasil fica de fora, porque ultrapassa fronteiras e sai dos limites territoriais".[6] Aquilo que não se furta à posição de "ex-cêntrico". Trata-se de "pensar em termos de multiplicidade de relações em vez de pluralidade de identidades".[7] No poema de Sousândrade, o Guesa, além de muísca, "é ao mesmo tempo o Inca, o Tupi, o Araucano, o Timbira, o Sioux, e é ele próprio Sousândrade, um errante, sem lar, portanto, sem nação".[8] Em suma, "um personagem metamórfico, pluriétnico, transcontinental, americano".[9] O Guesa "não é o índio antepassado morto, transformado em herói de origem da nação brasileira, mas um anti-herói vivo, tornado símbolo de um mundo pan-americano".[10] Em outras palavras, ainda: um anti-herói *sobrevivente*, isto é, *resistente*, a desafiar a supostamente inevitável extinção das tribos, a desafiar o massacre dos povos indígenas.

Sousândrade, ao levar ao extremo o "pan-americanismo" já discernido por Francisco Foot Hardman na base de seu projeto poético-político, descortina como poucos escritores e pensadores brasileiros a dimensão planetária de toda ação a partir da consolidação do capitalismo. A imaginação da terra, que se revela também *imaginação da Terra*, é a imaginação política — cosmopolítica — por excelência. O que não elimina as dimensões municipal ou provinciana de sua atuação (não por acaso, ao retornar ao Brasil, depois de mais de uma década no exterior, Sousândrade assumiria a intendência de São Luís), mas as coloca em nova perspectiva, mais ampla (não por acaso, também, elaboraria o plano de uma universidade — palavra que tem dentro de si a ideia mesma de universalidade — que se chamaria "Atlântida" ou "Nova Atenas", com previsão de uma cátedra de Direito Indígena). A conexão entre os vários planos locais e o abrangente plano global fica clara no *Guesa*, por exemplo na sequência de seus momentos infernais, do *Tatuturema* — que nos fala da degradação das culturas indígenas pela exploração colonial — ao chamado *Inferno de Wall Street* — que nos fala dos riscos do capitalismo financeiro, em forma de submissão ao deus-dinheiro Mamon (numa intuição que vemos atualizada numa intervenção recente de Giorgio Agamben quando diz que "Deus não morreu, ele se tornou Dinheiro"[11]).

Hoje — depois de Auschwitz, mas também depois da Escuela Superior de Mecánica de la Armada, depois da Candelária, depois do Carandiru, depois de Eldorado dos Carajás, depois de Ciudad Juárez, depois de todos esses infindáveis massacres cujos nomes formam uma espécie de constelação obscura no céu da modernidade — podemos ver com clareza que o aspecto antecipador da obra de Sousândrade está longe de se restringir aos procedimentos formais que prenunciam as vanguardas, mas está, sim, em colocar tais procedimentos (que nascem antes de sua assimilação singular da poética romântica, sobretudo de língua inglesa) a serviço de um enfrentamento da história moderna como encadeamento de capitalismo e massacre. Questão de *visão*, como bem notou, pioneiramente, Luiz Costa Lima.[12] O crítico assinala que, em contraste com a "naturofagia" característica do romantismo brasileiro — a conversão da "experiência do mundo" em "experiência de consumo" por meio da qual "toda a realidade, a natureza, os elementos (o fogo, a água, o ar[13]), os astros era imolada em favor do eu" —, Sousândrade "instaura[ria] uma poética de concretude, aberta para o mundo".[14] Contra a "descrição [...] de estados sentimentais" dos românticos convencionais, a abertura da poesia "para uma dimensão ontológica".[15] Essa *abertura ao mundo* fica clara na transformação da viagem em forma, mais do que em assunto, da poesia. Costa Lima frisa, em Sousândrade, "a importância do contato mesmo físico com a realidade para o tipo de expressão que se busca firmar", o que ficaria claro numa comparação entre o conseguimento artístico do *Inferno de Wall Street* e o suposto "fracasso" das *Harpas de Ouro*. Isso significa que "a visualização da realidade é a condição prévia para a descoberta do correspondente estético pelo artista".[16] Daí que as viagens do Guesa sejam também as viagens de Sousândrade, ainda que reconfiguradas.

Não por acaso, o poeta se vê, segundo as palavras de Stanislas Marie César Famin que apõe ao poema a modo de epígrafe, como "o Guesa, ou o errante, isto é, a criatura sem asilo" (*"C'était le Guesa, ou l'errant, c'est-à-dire la créature sans asile"*).[17] Isto é, o poeta se vê como uma espécie de versão indígena do *Homo sacer*, para lembrarmos aquela obscura figura do direito romano arcaico na qual Giorgio Agamben encontrou o paradigma da biopolítica moderna e contemporânea. O que significa dizer que Sousândrade, através das epígrafes, coloca desde o início o poema sob o signo do sacrifício, mas sobretudo sob o signo do extermínio. É este, porém, um poema da resistência ao sacrifício, próprio e alheio, pessoal e coletivo, dedicado a qualquer deus, inclusive ao deus dinheiro. Aquele que se põe a "escutar a voz da terra" também acabará inevitavelmente por escutar as vozes daqueles cujos corpos, muitos deles nunca identificados, nunca devidamente pranteados, jazem por terra. E passará a ambicionar para si mesmo essa voz — como dirá, a seu tempo, o poeta português Ruy Belo:

> [...] a minha suprema ambição — o meu ideal inatingível até porque ideal, mas sempre presente como um limite — [...] é a de um simples mineral, com a sua impassibilidade e a sua adesão à terra, a que acabarei por voltar não só por

condição como por desejo profundamente, longamente sentido e só satisfeito no dia em que a minha voz passar a ser a voz da terra, mais importante, no fundo, do que todas as palavras que me houver sido dado proferir à sua superfície, ao longo da minha vida mais ou menos curta mas ao fim e ao cabo sempre curta, se encarada na perspectiva do destino do homem como espécie e da vida deste planeta como seu ambiente de sempre e para sempre.[18]

Sousândrade funda o périplo do Guesa na morte dos pais, isto é, no apagamento da origem, ao mesmo tempo que na "saudade infinda" dessa origem apagada, que se faz "ausência" e sobretudo "phantasma" (e este será, o tempo todo, um poema de fantasmas):

Passa uma sombra diaphana e tão pura
    A extinguir-se através da noite etherea,
    Das grandes sombras na distancia obscura...
    Passa outra sombra, longe da primeira.
— Ora, de terra em terra o sempre ausente,
    Sem mais vêr patria alguma que o contente,
    Ledo incanta-se aos mimos da belleza
    E d'elles desincanta-se — ai do Guesa!
Ai quem do mundo assim, e seu mau grado,
    Correndo as zonas for, qual em procura
    D'outro amor, d'outros homens, d'outro estado,
    Ou d'outro sol, ou d'outra sepultura![19]

Para essa imaginação cosmopolítica, o amanhecer é como que o despertar da própria terra, com o qual contrasta a melancolia do índio sem futuro devido à violência do colonizador:

Acorda a terra; as flores da alegria
    Abrem, fazem do leito de seus ramos
    Sua gloria infantil; alcyon em clamos
    Passa cantando sobre o cedro ao dia
Lindas loas boyantes; o selvagem
    Cala-se, evoca d'outro tempo um sonho,
    E curva a fronte... Deus, como é tristonho
    Seu vulto sem porvir, em pé na margem![20]

É interessante a ambiguidade de Sousândrade diante das danças dos índios que já estão em estado de "degradação", mas que guardam a "memória dos grandes tempos"; o horizonte, aqui, é o da *destruição dos povos*, mais especificamente dos *povos menores*:

Selvagens — mas tão bellos, que se sente
    Um barbaro prazer n'essa memoria
    Dos grandes tempos, recordando a historia
    dos formosos guerreiros reluzentes:
Em cruentos festins, na vária festa,
    Nas ledas caças ao romper da aurora;
    E à voz profunda que a ribeira chora
    Enlanguecer, dormir saudosa sesta...
A voz das fontes celebrava amores!
    As aves em fagueira direcção
    Alevantando os voos, trovadores
    Cantavam a partir o coração!
Selvagens, sim; porém tendo uma crença;
    De erros ou bôa, acreditando n'ella:
    Hoje, se riem com fatal descrença
    E a luz apagam de Tupana-estrella.

Destino das nações! um povo erguido
   Dos virgens seios d'esta natureza,
   Antes de haver coberto da nudeza
   O cincto e o coração, foi destruído:
E nem pelos combates tão feridos,
   Tão sanguinarias, barbaras usanças;
   Por esta religião falsa d'esperanças
   Nos apostolos seus, falsos, mentidos
Ai! vinde ver a transição dolente
   Do passado ao porvir, n'este presente!
   Vinde ver do Amazonas o thesoiro,
   A onda vasta, os grandes valles de oiro!
Immensa solidão vedada ao mundo,
   Nas chammas do equador, longe da luz!
   Donde fugiu o tabernac'lo immundo,
   Mas onde ainda não abre o braço a cruz![21]

Os índios, "estes coitados" — no dizer de Sousândrade —, são "restos de um mundo".[22] Num determinado momento do *Tatuturema*, escutamos o Guesa falar:

— Eu nasci no deserto,
Sob o sol do equador:
As saudades do mundo,
         Do mundo...
Diabos levem tal dor![23]

A expressão "saudades do mundo" pode ser lida de dois modos, e um não anula o outro: inicialmente, trata-se de alusão ao "mundo" de que se origina o Guesa, aludido nos primeiros dois versos da estrofe (o deserto equatorial); mas também podemos ler "mundo" em sentido abrangente, sem que o sentido mais restrito se cancele, donde as "saudades do mundo" passam a ser o motor mesmo do herói em suas viagens; o objeto de sua busca — de sua *quête* — é nada menos que o próprio mundo, percebido a partir de determinado momento como *perdido* (e daí as "saudades"). Sai em busca daquilo — o mundo — de que ele mesmo é resto.

Os "restos de um mundo" são ditos "povos testemunhos" por Darcy Ribeiro.[24] Porém, tais noções de *resto* e *testemunho* (e não esqueçamos que Giorgio Agamben, em *Quel che resta di Auschwitz*, pensou o testemunho precisamente a partir do *resto*, e mais especificamente da noção de *povo que resta*[25]) talvez só ganhem todo seu valor crítico e político se relidas à luz da entrevista do antropólogo Eduardo Viveiros de Castro ao poeta e jurista Pádua Fernandes, quando aquele diz que "a indianidade é um projeto de futuro, não uma memória do passado". Ou, ainda, que "índio não é um conceito que remete apenas, ou mesmo principalmente, ao passado — é-se índio porque se foi índio —, mas também um conceito que remete ao futuro — é possível voltar a ser índio, é possível tornar-se índio".[26] Em suma, como Viveiros de Castro e Déborah Danowski dirão em outro texto, os índios são "uma 'figuração do futuro', não uma *sobrevivência do passado*".[27]

A literatura tem papel decisivo nesse projeto e nessa figuração, que tratam de levar a cabo a *vingança* das "tribos vencidas" — expressão de Machado de Assis, quando, no ensaio sobre o "Instinto de nacionalidade", publicado justamente no jornal republicano, com sede em Nova York, *O Novo Mundo*, de que Sousândrade foi secretário e colaborador, afirma, lamentavelmente, que "é certo que a civilização brasileira não está ligada ao elemento indiano, nem dele recebeu influxo algum; e isto basta para não ir buscar entre as tribos vencidas os títulos da nossa personalidade literária".[28] No entanto, no mesmo texto, poucas linhas depois, o escritor, afobando-se no diagnóstico de um massacre total, busca fundar a poesia na "piedade" com relação aos índios supostamente desaparecidos, agora só traços prestes a apagar-se de uma memória que se confunde com a Antiguidade, assim isolando-se num passado que não pode ser revivido:

> As tribos indígenas, cujos usos e costumes João Francisco Lisboa cotejava com o livro de Tácito e os achava tão semelhantes aos dos antigos germanos, desapareceram, é certo, da região que por tanto tempo fora sua; mas a raça dominadora que as frequentou colheu informações preciosas e no-las transmitiu como verdadeiros elementos poéticos. A piedade, a minguarem outros argumentos de maior valia, deverá ao menos inclinar a imaginação dos poetas para os povos que primeiro beberam os ares destas regiões, consorciando na literatura os que a fatalidade da história divorciou.[29]

Se a "fatalidade da história" gera "piedade", a constatação da sobrevivência, apesar de tudo, e a determinação da resistência, contra tudo e contra todos, toma a forma da *vingança*, afirmação de vida ali onde só se esperava a desolação (diz-se *vingar* não só do ato de desforra, mas também do ato de resistir vivo contra todas as expectativas adversas: *o recém-nascido vingou*, *a planta vingou*, *nossas ideias vingaram*). E essa vingança está ativa não só no próprio Sousândrade, assim como nos melhores momentos de outros autores românticos que se dedicaram à figuração dos índios, mas também no *Macunaíma* de Mário de Andrade, na Antropofagia de Oswald de Andrade e de Raul Bopp, em poemas drummondianos como "Pranto geral dos índios", "Kreen-Akarore" e "Adeus a Sete Quedas", e mais recentemente em *Meu destino é ser onça* de Alberto Mussa, na *Roça barroca* de Josely Vianna Baptista, no *Totem* de André Vallias, entre outros.

O que significa, à luz do que se disse, Sousândrade fazer-se Guesa, *tornar-se índio*? Conforme observam Deleuze e Guattari em reparo a Heidegger e suas concepções de povo, terra e sangue,[30] na poesia — em toda arte — está sempre em questão um "povo por vir":

> [...] a raça invocada pela arte ou pela filosofia não é a que se pretende pura, mas uma raça oprimida, bastarda, inferior, anárquica, nômade, irremediavelmente menor — aqueles que Kant excluía das vias da nova Crítica... Artaud dizia: escrever *para* os analfabetos — falar para os afásicos, pensar para os acéfalos. Mas que significa "para"? Não é "com vistas a...". Nem mesmo "em lugar de...". É "diante" [*devant*]. É uma questão de devir. O pensador não é o acéfalo, afásico ou analfabeto, mas se torna [*mais le devient*]. Torna-se índio, não para de se tornar, talvez "para que" o índio que é índio se torne ele mesmo outra coisa e possa escapar a sua agonia [*Il devient Indien, n'en finit pas de le devenir, peut-être "pour que" l'Indien qui est Indien devienne lui-même autre chose et s'arrache à son agonie*]. O devir é sempre duplo, e é este duplo devir que constitui o povo por vir e a nova terra.[31]

Deleuze e Guattari evocam aí um dos breves textos que Kafka reuniu em seu primeiro livro, *Contemplação*. O conto intitula-se precisamente "Desejo de se tornar índio" (*Wunsch, Indianer zu werden*):

> Oh, se fôssemos índios, já preparados e, em cima de um cavalo que corre, inclinados contra o vento, estremecêssemos repetidamente sobre o solo que treme até largarmos as esporas porque nunca houve esporas, até deitarmos fora as rédeas porque nunca houve rédeas e quase não víssemos a terra à nossa frente revelar um prado ceifado e liso, agora que o cavalo perdeu o pescoço e a cabeça.[32]

Nesse breve parágrafo, Kafka conjuga desejo, devir, estremecimento, movimento, despojamento (no limite, o mais radical desnudamento).

Se esse desejo de devir-índio, se essa perseguição do ser-selvagem como singularidade — e não identidade — im-possível, no judeu boêmio de língua alemã que foi Kafka, enfrenta a distância por meio das imagens da literatura (de Karl May, por exemplo) e do cinema, num brasileiro como Sousândrade, ou, depois, Oswald, a questão é imediatamente política. Veja-se, por exemplo, de Oswald, o breve ensaio-ficção intitulado exatamente "Virar índio":

O professor deixou o livro, coçou a cabeça de cabelos rentes e grisalhos e exclamou para a família estarrecida:

— Hoje mesmo compro uma seta e tomo o trem da Sorocabana. Para isto o Brasil há de servir. Afundo nesse mato grande e não volto mais. Já fiz seguro de vida e vocês estão todos colocados. Não precisam de mim. Aqui é que eu não vivo mais! Os pensadores, os políticos e os sociólogos dizem que isto é a decadência de uma classe, decadência da burguesia. E o processo de Nuremberg? Eram burgueses os cães de fila que Hitler mandou utilizar nas câmaras de gás e enfiar as cabeças dos padres nas bacias pútridas de Buchenwald? Era gente do povo! É a humanidade que entrou em decomposição. E com ela todas as classes! Vejam vocês o que se passa na alta sociedade. São os sentimentos de Belsen e de Buchenwald que empafiam as belas cabeças perfumosas e guiam os homens educados e lânguidos. E a política? Vocês viram o que aconteceu neste recanto paradisíaco? O que foram as eleições livres e honestas? Nas cidades, a propaganda cretinizante e no campo os eleitores enquadrados pelos cabos eleitorais como se fossem presidiários marchando para um campo de concentração, fechados nos depósitos, despedidos das fazendas no dia seguinte porque desobedeceram trocando as cédulas. E como vive essa gente nos casebres, sem cadeiras para sentar, comendo feijão sem sal, mandioca e angu. Os velhos morrem de debilidade. Os ventres das crianças estufam de vermes. Nos rincões mais prósperos onde estão as escolas e os hospitais? É a esmola que ainda subsiste na sua feição mais humilhante e sicária. E quando olho para os idealistas, eles estão vendendo a consciência aos quilos! Vou-me embora. O radar já estabeleceu contato com a lua. E brilha a tênue esperança do homem deixar este planeta. Enquanto esse dia não chegar, enquanto eu não puder partir no primeiro foguete lunar, deixando as casas trágicas e destapadas, as mesmas que Luciano de Samósata viu no século I — vou virar índio![33]

Como não lembrar aqui a ideia de uma quase paradoxal *fuga para dentro*, proposta por Eduardo Viveiros de Castro em mais de uma ocasião?

Fui fazer etnologia para fugir da sociedade brasileira, esse objeto pretensamente compulsório de todo cientista social no Brasil. [...] fugir do Brasil era um método de se chegar ao Brasil pelo outro lado. Circum-navegação. É importante que o Brasil ao qual se chegasse fosse outro, fosse o outro lado desse Brasil de onde partimos. Certamente não se tratava de fugir do Brasil para passear na Europa. Era fugir do Brasil, mas para chegar em outro lugar mais interessante, que não estivesse pesado, contado e medido por essas categorias, como disse o [Jorge Luis] Borges, europeias — um lugar mais interessante que o "Brasil" do poder. [...] Os índios como um antídoto à ideia de Brasil.[34]

Como não lembrar, igualmente, o "exagero heurístico" — que é também, antes de tudo, uma *hipérbole política de combate* — proposto pelo mesmo Viveiros de Castro quando diz que "no Brasil todo mundo é índio, exceto quem não é"? "O problema", resume, "é quem *não* é índio."[35] E completa:

> Darcy Ribeiro [...] insistiu com eloquência sobre o fato de que o "povo brasileiro" é muito mais indígena do que se suspeita ou supõe. O homem livre da ordem escravocrata, para usar a linguagem da Maria Sylvia de Carvalho Franco, é um índio. O caipira é um índio, o caiçara é um índio, o caboclo é um índio, o camponês do interior do Nordeste é um índio. Índio em que sentido? Ele é um índio genético, para começar, apesar disso não ter a menor importância.[36]

Isso *não tem a menor importância* porque, mais do que o "índio genético", importa o índio político: "Digo que os coletivos caiçaras, caboclos, camponeses *e índios* são índios (e não 33% índios) no sentido de que são o produto de uma história, uma história que é a história de um trabalho sistemático de destruição cultural, de sujeição política, de 'exclusão social' (ou pior, de 'inclusão social'), trabalho esse que é propriamente interminável".[37] *Tornar-se índio* (devir-índio), e não simplesmente *ser-índio*, é assumir em si — no corpo e na cultura — uma *resistência* (uma *vida*, não apenas uma sobrevivência), mas também, no sentido de Walter Benjamin, uma *imagem de desejo* (*Wunschbild*):

> Por mais bem-sucedido que tenha sido ou esteja sendo o processo de desindianização levado a cabo pela catequização, pela missionarização, pela modernização, pela cidadanização, não dá para zerar a história e suprimir *toda* a memória, porque os coletivos humanos existem crucial e eminentemente no momento de sua reprodução, na

passagem intergeracional daquele modo relacional que "é" o coletivo, e a menos que essas comunidades sejam fisicamente exterminadas, expatriadas, deportadas, é muito difícil destruí-las totalmente. E ainda quando o foram, quando foram reduzidas a seus componentes individuais, extraídos das relações que os constituíam, como aconteceu com os escravos africanos, esses componentes reinventam uma cultura e um modo de vida — um mundo relacional que, por constrangido que tenha sido pelas condições adversas onde vicejou, jamais deixou de ser uma expressão da vida humana exatamente como qualquer outra. Não há culturas inautênticas, pois não há culturas autênticas. Não há, aliás, índios autênticos. Índios, brancos, afrodescendentes, ou quem quer que seja — pois autêntico não é uma coisa que os humanos sejam. Ou talvez seja uma coisa que só os brancos podem ser (pior para eles).[38]

Viveiros de Castro contrapõe-se especialmente à obsessão pela identidade que com frequência ganha a forma do assombro ocidental (ou ocidentalizado) diante de um mundo de plasticidade praticamente ilimitada em que tudo e todos parecem estar sempre prestes a virar outra coisa e até mesmo *outra humanidade*.[39] "Muito mal comparando — e digo mal porque a comparação arrisca reavivar velhos e grotescos estereótipos, pode-se dizer que ser índio é como aquilo que Lacan dizia sobre o ser louco: não o é quem quer. Nem quem simplesmente o diz. Pois só é índio quem se garante."[40] Uma infinita transitividade metamórfica (ou metametamórfica) sem ponto final, nem, por assim dizer, interno (a configuração da singularidade: *eu* é um outro), nem externo (a insistência na viragem: eu *é um outro*):

Nosso objetivo político e teórico, como antropólogos, era estabelecer definitivamente — não o conseguimos; mas acho que um dia vamos chegar lá — que índio não é uma questão de cocar de pena, urucum e arco e flecha, algo de aparente e evidente nesse sentido estereotipificante, mas sim uma questão de "estado de espírito". Um modo de ser e não um modo de aparecer. Na verdade, algo mais (ou menos) que um modo de ser: a indianidade designava para nós um certo *modo de devir*, algo essencialmente invisível mas nem por isso menos eficaz: um movimento infinitesimal incessante de diferenciação, não um estado massivo de "diferença" anteriorizada e estabilizada, isto é, uma identidade. [...] A nossa luta, portanto, era uma luta conceitual: nosso problema era fazer com que o "ainda" do juízo de senso comum "esse pessoal ainda é índio" (ou "não é mais índio") não significasse um estado transitório ou uma etapa a ser vencida. A ideia, justamente, é a de que os índios "ainda" não tinham sido vencidos, nem *jamais* o seriam. Eles jamais acabar(i)am de ser índios, "ainda que"... Ou justamente porque. Em suma, a ideia era que "índio" não podia ser visto como uma etapa na marcha ascensional até o invejável estado de "branco" ou de "civilizado".[41]

Aquele que anda pelo mundo em busca de mundo — aquele que só se reconhece no devir — não pode aspirar a um percurso linear. As *saudades* — insista-se no plural, que também estará nas *Saudades do Brasil* de Darius Milhaud e, depois, de Claude Lévi-Strauss — não são uma nostalgia que nos faz retornar (para o que já não existe), mas o que nos empurra para a frente e, sobretudo, *para fora* (em direção ao que ainda não existe[42]). Ou, antes, o que está em questão aí é precisamente uma desmontagem integral das categorias que antes organizavam nossa experiência do mundo (o *fora* da fuga pode ser, como vimos, um *dentro*), a começar pela linearidade do tempo — e da história:

> Assim como um dia já tivemos horror ao vácuo, hoje sentimos repugnância ao pensar na desaceleração, no regresso, no recuo, na limitação, na frenagem, no decrescimento, na descida — na *suficiência*. Qualquer coisa que lembre algum desses movimentos em busca de uma suficiência intensiva de mundo (antes que uma ultrapassagem épica de "limites" em busca de um hipermundo) é prontamente acusada de localismo ingênuo, primitivismo, irracionalismo, má consciência, sentimento de culpa, ou mesmo, sem rebuços, de pendores fascizantes. Para quase todas as formas assumidas pelo pensamento hoje dominante entre "nós", apenas uma direção é pensável e desejável, a que leva do "negativo" ao "positivo": do menos ao mais, da posse de pouco à propriedade de muito, da "técnica de subsistência" à "tecnologia de ponta", do nômade paleolítico ao cidadão cosmopolita moderno, do índio selvagem ao trabalhador civilizado. Assim, quando comunidades camponesas "em vias de modernização" decidem *voltar a ser indígenas*, demonstrando em juízo sua continuidade histórica com povos nativos oficialmente extintos, como tantas povoações rurais vêm fazendo no Brasil desde a promulgação da Constituição de 1988 — a qual deu direitos coletivos de posse da terra aos índios e descendentes de escravos implantados no campo —, a reação escandalizada e furibunda das classes dominantes tem sido um espetáculo imperdível. Infelizmente, não dá para achar graça muito tempo de quem continua com o chicote na mão; a fúria, somada à cobiça, dos que necessitam da inexistência da alteridade vem-se traduzindo em uma concertada ofensiva, por vias legais e ilegais, legislativas como criminosas, dos grandes proprietários rurais — e de seus sócios, e seus

clientes, e seus patrões — contra os índios e demais povos tradicionais do país.

Assim se dá, pois, que só é possível (e desejável) a um indivíduo ou comunidade *deixar de ser índio*; é impossível (e repulsivo) *voltar a ser índio*: como alguém pode *desejar o atraso* como *futuro*? Bem, talvez o escândalo tenha sua razão de ser: talvez seja impossível voltar historicamente a ser índio; mas é perfeitamente possível, mais que isso, está efetivamente se passando, um *devir-índio*, local como global, particular como geral, um *incessante redevir-índio* que vai tomando de assalto setores importantes da "população" brasileira de um modo completamente inesperado. Este é um dos *acontecimentos* políticos mais importantes que testemunhamos no Brasil de hoje, e que vai contaminando aos poucos muitos outros povos brasileiros além dos povos indígenas.[43]

Muda aí sobretudo o discernimento dos lugares de cada criatura e cada coisa nesse mundo (ou, mais radicalmente, o discernimento dos diferentes mundos[44] que podem coexistir, quase nunca pacificamente, nos mesmos lugares).

J. M. G. Le Clézio, no ensaio *Haï*, significativamente publicado em Portugal como *Índio branco*, frisa a *modernidade* do "encontro com o mundo índio", ao mesmo tempo que o interpreta, corretamente, como uma questão de *sobrevivência*:

> O encontro com o mundo índio não é hoje um luxo. Tornou-se uma necessidade para quem quer compreender o que se passa no mundo moderno. Não basta porém compreender; trata-se de tentar ir até ao fim de todas as galerias obscuras, de procurar abrir algumas portas — quer dizer, no fundo, tentar sobreviver.[45]

O percurso do Guesa já foi resumido por Augusto de Campos:

> Cantos I a III — descida dos Andes até a foz do Amazonas; Cantos IV e V — interlúdios no Maranhão; Canto VI — viagem ao Rio de Janeiro (à Corte); Canto VII — viagem de formação à Europa; África (o Canto foi apenas iniciado, restando inconcluso); Canto VIII — novo interlúdio no Maranhão; Canto IX — Antilhas, América Central, Golfo do México — viagem para os EUA; Canto X — Nova York, viagens pelos EUA; Canto XI — Oceano Pacífico, Panamá, Colômbia, Venezuela, Peru; Canto XII — ao longo do Oceano Pacífico para o sul, até as águas argentinas, cordilheira andina, com incursões pela Bolívia e pelo Chile; Canto XIII — retorno ao Maranhão (também não concluído).[46]

"Estas viagens, cumpridas em *tempos* diversos, são interpenetradas num único périplo mental, intertemporal", anotam Augusto e Haroldo de Campos.[47] No entanto, como ressaltaram os mesmos irmãos Campos, chamando a atenção especialmente para o episódio do *Inferno de Wall Street*, tais itinerâncias, se não têm um centro, têm uma espécie de olho de furacão, que nos mira enquanto o furacão se move e a tudo que toca destrói. A experiência em Nova York é fundamental, porque ela traz o poema para a extrema atualidade do capitalismo financeiro como avatar então mais recente (e até agora, infelizmente, presente) da colonização. Podemos repetir, ainda hoje, a pergunta dos Campos em 1964: "Que poeta de seu tempo soube traçar a visão dantesca da Bolsa de Nova Iorque — epicentro do mundo capitalista — como um círculo infernal?".[48] No entanto, como se sabe, o aspecto mais terrível do inferno talvez seja sua eternidade, e é compreensível, portanto, que Sousândrade figure seu inferno por intermédio de uma coleção de anacronismos em que os tempos mais diversos colidem e se interpenetram. Antes de iniciar o relato do *Inferno de Wall Street*, Sousândrade salienta o fato de que o muro que dá nome à rua foi criado como "defesa contra o Índio".[49]

A errância define tanto o personagem Guesa quanto o poeta Sousândrade — mas sobretudo a sua poesia, especialmente como esta se apresenta nesse poema. Personagem, poeta e poema exercitam uma *arte do deslocamento constante*, por meio da qual colocam em questão todo sentido de pertencimento exclusivo a um território e a uma língua. Estranho romântico, para quem não há *uma* língua, mas línguas, não há um território (nacional), mas, antes de tudo, e depois de tudo, a terra. A terra: sem limites, sem fronteiras. A terra: elemento, chão, planeta. A terra: as terras por onde vagar, imbuído do sentimento de um pertencimento mais profundo (porque na terra se funda o seu ser) e, ao mesmo tempo, extremamente superficial (porque esse ser é nômade, errante, jamais redutível a uma essência estável de uma vez por todas, a uma identidade). Nisso, Sousândrade parece ter sintetizado, na figura de seu índio cosmopolita, uma compreensão do pensamento ameríndio que só seria elaborada pela Antropofagia oswaldiana muito tempo depois.

Paulo Nazareth é um Guesa que se fez artista, um artista errante, alguém que fez da errância mesma o centro de sua prática artística. A crítica Kiki Mazzucchelli nota que, desde o início, as "deambulações" são características da sua prática artística. Nesse sentido, *Notícias de América*, talvez sua ação mais conhecida, é o momento em que essas deambulações "tomam proporções épicas", permitindo que "preocupações, antes mais localizadas, tenham uma abrangência maior".[50] A mesma crítica fala em "epopeia americana" a propósito deste trabalho.

A ação central de *Notícias de América* consistiu numa viagem por terra, do Brasil até os Estados Unidos, através de vários países da América Latina, sem nenhuma linearidade (pelo contrário, com vários vaivéns e zigue-zagues), o artista sempre apenas com suas sandálias Havaianas, portanto praticamente descalço, sem jamais lavar os pés, acumulando neles a poeira, a terra da América Latina, que, ao final, se misturaria às águas do rio Hudson, em Nova York, quando o artista, finalmente, nele lavasse os pés. Mas há ações paralelas ou, melhor dito, internas a essa ação principal. Basicamente, duas: a primeira consistia em explorar as reações de quem encontrasse pelo caminho à sua aparência, isto é, à sua ambiguidade racial (Paulo Nazareth descende de índios Krenak pelo lado materno, de negros e italianos pelo paterno); a segunda, em buscar conhecer os traumas históricos recentes dos diferentes países por que passou, sobretudo aquilo que diz respeito aos desaparecidos políticos. A força e o significado de *Notícias de América* estão no entrelaçamento das três ações. Ao longo do percurso, o artista foi publicando resultados parciais do trabalho — fotos e textos — num blog e no seu perfil no Facebook. Os textos deixam clara a dimensão propriamente poética subjacente à ação.

Notícias de América se iniciou em março de 2011. O projeto estendeu-se por mais de um ano. É ao mesmo tempo "um projeto de residência móvel" e "um tipo de pesquisa de campo".[51] Num dos panfletos publicados durante a viagem, intitulado *Lo que llevo en mi memoria*, o qual se abre com uma reflexão sobre a mais recente ditadura brasileira, escreve (no original, em espanhol):

> [...] en Guatemala, también percibo que, cavando en la tierra, así como en cualquier parte de América Latina, existe la posibilidad de se encontrar huesos por casualidad. Estando yo en el Sitio de Memoria Campo La Ribera [Ciudad de Córdoba, Argentina], cavo como un perro, intuyendo la posibilidad de encontrar fragmentos de memorias... en Brasil tengo la memoria borrada. El pueblo no

parece recordar las heridas del pasado, sea del período de dictadura militar, sea de la esclavitud negra...[52]

Kiki Mazzucchelli observa: "Neste pequeno fragmento, ele explicita sua busca por uma memória que foi apagada, e sugere a possibilidade de encontrá-la em um outro território, distinto mas, quiçá, análogo, pois de certa forma compartilha memórias comuns com sua terra natal".[53]

O impulso para andar pelo mundo, conhecendo outras pessoas e povos, visa criar "laços insuspeitos para tentar reconstruir histórias não contadas ou deliberadamente apagadas".[54] Mazzucchelli, ainda:

> Quando o convidei para participar de uma exposição coletiva em Paris, em dezembro de 2011, respondeu-me que sim, gostaria de participar, mas que infelizmente não poderia estar presente, pois deveria chegar à Europa apenas após ter atravessado a África, do mesmo modo em que alcançara os Estados Unidos após percorrer a América Latina. Em uma de nossas últimas conversas, quando ainda se encontrava no destino final de sua viagem americana, ele me disse:

> "Em minha mestiçagem me faço
> Estou indígena e negro
> É incrível"[55]

"Sua origem mestiça [...] permite que jogue com sua própria imagem, tornando-se negro, índio ou simplesmente exótico quando a situação lhe convém", escreve a mesma crítica.[56] Uma das performances (palavra que por vezes pode parecer convencionalmente "artística" demais para dar conta desse trabalho) durante a execução de *Notícias de América* consistiu em carregar um cartaz com a frase "Vendo mi imagen de hombre exótico".[57] No projeto *Cara de índio*, propõe "identificar índios urbanos, desde o extremo sul ao extremo norte das Américas", para então colocar-se ao lado do índio e se fazerem fotografar, comparando sua "cara mestiça à cara do outro".[58]

Paulo Nazareth, ao chegar ao fim do seu itinerário transamericano, parece reverter e desmontar aquela que foi a "arte" dos conquistadores da América; como diria Sousândrade através do seu Guesa: "e os fanfarrões d'Hespanha,/ Em sangue edêneo os pés lavando, passam".[59] Marília Librandi Rocha nos convida a encararmos *O Guesa*, mas sobretudo os episódios que ficariam conhecidos, desde a "revisão" dos Campos, pelos títulos atribuídos de *Tatuturema* e *O inferno de Wall Street*, como "poemas performáticos".[60] Como, digamos, *poemas do corpo*, com seu tanto de "dança" e "pandemonium".[61] Paulo Nazareth parece estar colocando realmente em performance o que se dava como virtualidade no *Guesa*.

Walter Benjamin descreveu a origem não como uma fonte, mas como um redemoinho no meio do rio da história: um redemoinho que ergue os detritos do fundo, assim como leva o que está na superfície para baixo. Paulo Nazareth, quando enfim lava seus pés no rio Hudson, nas cercanias do "Inferno de Wall Street", propõe algo como uma *contraorigem* — acrescentando às águas a poeira daquilo que parece não estar mais lá, mas que está lá desde sempre, uma terra, de nome im-próprio "América", que vai (e vem) muito além dos "Estados Unidos"... Soma ao rio as pegadas, o rastro, a caminhada. Soma fluxo ao fluxo. Se *experiência* é caminhada, travessia, a poeira é experiência materializada em resíduo, em relíquia. A terra é, aí, a impugnação do território, da territorialidade. Grudada ao corpo, cria algo como um mínimo espaço transterritorial, extraterritorial — antes *subterritorial* (subterrâneo) do que supraterritorial (celeste). Dissolvida nas águas do território outro, atua como uma inscrição, quase uma tatuagem, que no entanto se movesse, que tirasse sua força justamente do imediato desaparecimento (mas está lá, questionando a estaticidade mesma desse *lá*).

O que Paulo Nazareth nos ensina é que, ao contrário do que lemos no poema de Sousândrade, não há "último Guesa". Todo Guesa, enquanto figuração da identidade duvidosa e, mais do que duvidosa, cambiante, que é a identidade latino-americana — e, mais amplamente, pós-ocidental —, é sempre *penúltimo*: porque sempre haverá outro a testemunhar e cantar, nem que seja o papagaio do desfecho de *Macunaíma*; ou um botão, ou um rato, mínimos objetos-sujeitos: "De tudo resta um pouco", disse Drummond. E talvez a literatura seja sempre esse *pouco* que *resta* do *tudo* que convencionamos chamar de história. A condição póstuma, que Sousândrade nomeou ao falar em "último Guesa", é sempre, na verdade, uma condição sobrevivente, e sobreviver é testemunhar, isto é, *insistir na palavra*. O próprio caráter inconcluso do *Guesa*, que o coloca ao lado de algumas das mais radicais experiências textuais da modernidade (Kafka, Musil, Heidegger, mas também *2666* de Bolaño[62]), é talvez uma forma de assumir essa condição penúltima. A última palavra nunca vem. Se ainda há palavra, é porque outra, depois, virá. Sousândrade, apesar dos momentos apocalípticos de sua obra (ou justamente por causa deles), interessa-se menos pelo *fim do mundo* do que pelo que ele mesmo chama de "mundo do fim":

— São d'electricidade
 Tempos, mundo do fim;
= São as manchas solares,
  Dos ares
 A alumiar tudo *assim*![63]

Talvez possamos afirmar algo semelhante a propósito de Paulo Nazareth. Ao assombro paralisante diante do fim do mundo (fechamento do espaço pelo tempo), Sousândrade e Nazareth preferem o mapeamento poético do mundo do fim (abertura do tempo pelo espaço). É encarando de frente o mal do mundo em seu tempo, revelando-o, que o poeta e o artista preservam a fagulha da utopia:

> Lá está íris! — ha de haver abysmo...
>   Onde o arco vê-se da visão formosa
>   Dobrar-se luminoso, um cataclysmo
>   Se deu, ou s'está dando. [...][64]

Não esqueçamos que é justamente quando o Guesa ingressa no "inferno de Wall Street", justamente quando é intimado a deixar para trás toda esperança, que "a Voz, dos desertos" pergunta: "Swedenborg, há mundo por vir?".[65] A resposta de Swedenborg só vem muitas estrofes depois, e essa posterioridade da resposta é marcada graficamente pelo autor:

> (SWEDENBORG respondendo *depois*:)
>
> — Ha mundos futuros: república,
> Christianismo, céus, Lohengrin.
>   São mundos presentes:
>   Patentes,
> Vanderbilt-North, Sul-Seraphim.[66]

Do horror e da "degradação" dos "mundos presentes" (aqui, o capitalismo espoliador) é que nascem os "mundos futuros" (que não necessariamente devem coincidir com a resposta desse Swedenborg reimaginado por Sousândrade). Aquele que sente "saudades do mundo", e vai ao mundo justamente para matar essas saudades, sente falta não apenas do mundo que foi, mas também, talvez sobretudo, do mundo que virá.

Fotografia como circum-navegação da antropologia

Jamais foram simples — por mais que tenham sido constantes — as relações entre antropologia e fotografia no percurso intelectual de Eduardo Viveiros de Castro. Durante muito tempo, até recentemente, era perceptível certo desconforto do antropólogo quando convidado a discorrer sobre suas experiências fotográficas. Esse desconforto vinha talvez de não saber indicar exatamente qual o lugar que a fotografia ocupava em meio a uma prática antropológica sempre mais consolidada e reconhecida — como se Viveiros de Castro, ao realizar suas fotografias e, depois, ao publicá-las em seus livros, conseguisse formular com mais precisão, para si mesmo, menos o que estava fazendo do que *o que não estava fazendo* (por exemplo: não estava fazendo "antropologia visual"); como se, apesar da evidente qualidade das suas fotografias, não se sentisse autorizado a assumir-se fotógrafo; como se a fotografia lhe parecesse, na maioria das vezes, não mais do que a persistência de um exercício juvenil que, sobretudo em comparação com a maturidade precoce de sua obra etnográfica e teórica, corria o risco de ser visto como ingênuo.[1] Mas é essa própria persistência da fotografia *a despeito do desconforto* que, a meu ver, merece ser pensada.

E talvez, ao longo de um percurso não exaustivo e algo ziguezagueante pela obra de Viveiros de Castro, possamos mesmo chegar a uma conclusão, à primeira vista, paradoxal: a de que esse desconforto — se não for apenas um sentimento retrospectivo, mas, sim, contemporâneo ou mesmo prévio ao ato de fotografar — pode estar na origem mesma dessa persistência. Se a fotografia persiste ao longo dessa obra, talvez seja justamente porque ela não tem um lugar e uma função definidos de uma vez por todas. Daí que o seu lugar e a sua função na trajetória intelectual de Viveiros de Castro só se deixem ver com mais clareza, para além do caráter ilustrativo com que se apresentaram de início, à luz das mais recentes intervenções meta-antropológicas, transdisciplinares e ecopolíticas de seu autor.[2]

Seja como for, a persistência é inegável. Os dois livros que reúnem estudos propriamente etnográficos de Eduardo Viveiros de Castro — *Araweté: Os deuses canibais*, de 1986, e *A inconstância da alma selvagem*, de 2002 — trazem, em meio aos textos, fotografias feitas também por ele.[3] Um número maior de fotografias é apresentado em *Araweté: O povo do Ipixuna*, de 1992,[4] espécie de versão abreviada e simplificada, para divulgação científica, do volume de 1986 — por sua vez, versão em livro da tese de doutorado defendida dois anos antes, pioneira etnografia desse povo indígena da Amazônia cujos primeiros contatos oficiais com os brancos datavam de 1976. Vale lembrar, ademais, que *Araweté: O povo do Ipixuna* — cujas edições mais recentes foram publicadas em Portugal, em 2000, já com um apuro bem maior na reprodução das fotografias, e no Brasil, em 2017, em edição revista e ampliada e com o título modificado para *Araweté: Um povo tupi da Amazônia*[5] — ganhou corpo a partir de uma circunstância concreta, que foi a exposição multimídia promovida em 1992, no Centro Cultural São Paulo, pelo Centro Ecumênico de Documentação e Informação (Cedi), exposição na qual o conjunto de fotos publicado no livro foi exibido pela primeira vez. A exposição, conforme relembra o próprio Viveiros de Castro, tinha como objetivo tornar os Araweté mais conhecidos do grande público e, com isso, conferir eficácia ao pleito de demarcação das suas terras, ameaçadas pelo avanço das madeireiras.[6] Para essa exposição, Viveiros de Castro retornou ao território araweté, agora acompanhado de uma equipe audiovisual, para realizar registros etnográficos e fotográficos atualizados — produziu-se também, nesse momento, o primeiro registro em vídeo dessa etnia, sob a direção de Murilo Santos. Foram duas as viagens com vista à exposição, cada uma com duração de um mês, em fins de 1991 e em março de 1992 — antes, o antropólogo estivera com os Araweté em 1981, por dois meses, em 1982-3, por nove meses, e em 1988, por um mês. Em todas essas ocasiões, Viveiros de Castro fez fotos.

As fotografias dos Araweté, porém, não foram as primeiras realizadas por Viveiros de Castro. Antes, fotografou três outros povos com que trabalhou de modo pontual: os Yawalapíti do Alto Xingu, em 1976 e 1977, os Kulina do Alto Purus, em 1978, e os Yanomami da Serra de Surucucus, em 1979. De resto, a exposição do Centro Cultural São Paulo não foi a primeira de que ele participou com suas fotos: as imagens dos Yawalapíti já tinham sido apresentadas, em 1977, no Rio de Janeiro, numa exposição coletiva de fotografia com curadoria de Miguel Rio Branco, assim como, em 1981, na mostra *Exploring Society Photographically*, que reunia fotografias realizadas por antropólogos e sociólogos, organizada por Howard S. Becker para a Mary and Leigh Block Gallery da Northwestern University (em Evaston, nos Estados Unidos). É importante frisar ainda que a fotografia foi, para Viveiros de Castro, uma atividade precedente ao seu envolvimento com a antropologia, sem que essa precedência, porém, signifique um corte abrupto entre as fotografias de cena (*stills*) dos filmes de seu amigo Ivan Cardoso — suas primeiras fotografias, nas quais encontramos imagens de artistas fundamentais do que podemos chamar de *contracultura brasileira*, como Hélio Oiticica e Waly Salomão — e as fotografias de índios. Afinal, paralelamente a suas primeiras pesquisas etnográficas, o jovem antropólogo continuou responsável pelos registros fotográficos das filmagens de Cardoso.

Ou seja, se há, em alguma medida, um contágio entre o *olhar contracultural* e o *olhar antropológico* na prática fotográfica de Viveiros de Castro, e se esse contágio é, como acredito, de mão dupla, isso talvez se deva à contemporaneidade, em seus inícios, das duas vertentes fotográficas. Contemporaneidade que, porém, é somente a concretização cronológica de afinidades mais fundas a ligar os dois universos de eleição do fotógrafo que foi se fazendo antropólogo: afinal, por um lado, a referência ameríndia, de modo direto ou mais transposto, sempre foi fundamental para qualquer definição da contracultura, no Brasil e não só nele (e não podemos esquecer que um dos momentos decisivos da contracultura brasileira dos anos 1960 e 1970 foi a redescoberta da contracultura brasileira do final dos anos 1920, a Antropofagia oswaldiana); por outro, a prática etnográfica de Viveiros de Castro e sobretudo a sua teorização antropológica e meta-antropológica dos últimos anos, por meio das quais reivindica um novo estatuto para o pensamento e para a práxis dos indígenas americanos (como filosofia contraocidental e como exemplo de sobrevivência), não existiriam sem um arcabouço forjado a partir da revolução mundial de 1968, momento mágico da contracultura (penso imediatamente nos usos de Gilles Deleuze e de Pierre Clastres pelo antropólogo brasileiro,[7] mas podíamos pensar também numa inspiração mais ampla encontrada por ele naquilo que não se deixa reduzir a nomes, sobretudo a nomes de intelectuais).

O que chamei, no início deste texto, de "desconforto" fica evidente na primeira resposta de uma entrevista publicada em 2008 na revista portuguesa *Nada*. O ponto de partida da entrevista é justamente uma interrogação sobre o "envolvimento" de Viveiros de Castro com a fotografia — envolvimento esse posto pelos próprios entrevistadores no quadro mais amplo do "uso da fotografia pela antropologia", sobre o qual se pede a "impressão" do antropólogo. Na sua resposta, Viveiros de

Castro recorre sobretudo a formulações negativas, sintomáticas, a meu ver, do seu desconforto, e das quais podemos depreender que a sua razão principal talvez esteja justamente na dificuldade de delimitar um lugar e uma função para a fotografia em sua própria prática antropológica. Dificuldade essa que acaba por resultar numa *novidade* — e que determina a presença sempre um pouco esquiva ou mesmo furtiva que a fotografia terá na sua obra.

Diz Viveiros de Castro, de início:

> Eu não sigo, nem aplico, nem inventei nenhuma teoria e nem tenho uma ideia muito definida a respeito da relação entre fotografia e antropologia. Não tenho um discurso articulado sobre essas duas atividades minhas, até porque elas têm um lugar muito desigual na minha vida, na minha carreira. Eu sou tudo menos um antropólogo visual, em todos os sentidos da palavra. Eu sou um antropólogo verbal, a palavra sempre foi o meu instrumento de trabalho principal.[8]

A sequência de negações é eloquente. Viveiros de Castro exprime, ainda, sua hesitação diante de uma expressão utilizada na pergunta pelo sociólogo Pedro Peixoto Ferreira, "trabalho fotográfico": "[…] a minha relação com a fotografia não é uma relação de trabalho. Eu não tenho um 'trabalho fotográfico', digamos assim".[9] Mais adiante, na mesma entrevista, recusará até mesmo a denominação de "fotógrafo": as fotos aparecem nos seus livros, diz, "mais a título de adorno, vinheta ou ornamento do que efetivamente como exemplares de uma produção fotográfica do autor, como se eu fosse, além de antropólogo, também fotógrafo. Eu não sou 'também' fotógrafo. Eu fotografo, mas não sou fotógrafo, pelo menos nessas condições".[10]

O que significa, aí, *não ser fotógrafo*? Antes de tudo, significa insistir numa quebra — como já vimos, duvidosa — entre as fotografias de artistas, ligadas a seu trabalho com Ivan Cardoso, e as fotografias de índios, ligadas a suas pesquisas; e, em seguida, isolar as fotografias de índios de qualquer compromisso profissional ou intelectual mais consolidado:

> Eu fazia fotografia como hobby e ganhava uns trocados como fotógrafo de cena de filmes. Quando eu comecei a trabalhar em antropologia e a fazer pesquisa de campo, eu levei comigo esse interesse puramente pessoal, mas nunca usei a fotografia como um instrumento descritivo ou analítico dentro do meu trabalho antropológico. Minhas teses e livros poderiam passar perfeitamente sem as fotos que os acompanham aqui ou ali, e vice-versa.[11]

Presença esquiva, furtiva, das fotografias, eu disse há pouco; mas também, digo agora (divergindo, assim, do próprio autor), por vezes *presença decisiva*, se não do ponto de vista do argumento antropológico, do ponto de vista da construção — retórica, poética, artística — do livro. Por exemplo, em *Araweté: Os deuses canibais*, o caderno de fotografias é introduzido imediatamente depois da significativa frase com que se encerra o segundo capítulo introdutório: "Vamos aos Araweté".[12] Ir aos Araweté é, aí, na sequência do livro, ir, antes de tudo, às fotografias em que eles se dão a ver através do olhar de Viveiros de Castro. Como se as fotos tivessem a capacidade de presentificar o povo em questão; como se constituíssem uma evidência muito forte, e primeira (ou, mais exatamente, *preliminar*), que as palavras depois tratarão de desdobrar.

No texto que publicou no catálogo da exposição *Exploring Society Photographically*, quase trinta anos antes da entrevista publicada na revista *Nada*, Viveiros de Castro já havia reconhecido uma função um pouco menos ornamental para sua prática fotográfica:

Tirei essas fotos para capturar aspectos da vida dos Yawalapíti que eu não poderia reproduzir em linguagem escrita, e para mostrar o lado estético da *minha* percepção deles, meu *prazer* ao vê-los, algo difícil de incluir num trabalho acadêmico. Monografias antropológicas deixam pouco espaço para aspectos "não-estruturais" da percepção do pesquisador. Pelo contrário, elas buscam estruturar aquela percepção: impressões difusas, prazer estético ou desespero existencial são usualmente comunicados oralmente a amigos e colegas, ou transformados em "literatura" nas introduções das monografias. Eu prefiro fazer tais sensações públicas por meio de fotografias.[13]

São apontamentos preciosos, que nos permitem reler numa chave um pouco mais complexa a série de negações da entrevista de 2008: não ser fotógrafo, não ser antropólogo visual, não ter discurso articulado sobre a relação entre fotografia e antropologia, não ser a fotografia parte do trabalho — trabalho de antropólogo, compreenda-se — e tampouco constituir, em si, um trabalho. Podemos dizer que a fotografia, assim praticada e pensada, não faz menos do que descortinar, no interior do próprio trabalho antropológico, uma dimensão que se recusa a ser identificada como "trabalho", uma dimensão *poética* (daí que, em outros autores, resulte na "literatura" — as aspas, algo irônicas, são, como se viu, do próprio Viveiros de Castro — das introduções), uma dimensão *estética* e sobretudo *prazerosa*, resistente a esquematizações estruturais.

Neste ponto, é preciso relembrar uma ideia estratégica importantíssima no pensamento e na práxis desse antropólogo, que é a ideia quase paradoxal de uma *fuga para dentro* (em vez da previsível fuga para fora). Essa ideia aparece pela primeira vez na seção inicial — intitulada justamente "Fugindo do Brasil" — do depoimento "O campo na selva, visto da praia", publicado em 1992.[14] As formulações mais conhecidas sobre esse tema, porém, são aquelas elaboradas em entrevistas de 1999 e 2007, nas quais Viveiros de Castro diz ter resolvido "fazer etnologia para fugir da sociedade brasileira, esse objeto pretensamente compulsório de todo cientista social no Brasil", esclarecendo, depois, que "fugir do Brasil era um método de se chegar ao Brasil pelo outro lado", em suma, uma "circum-navegação": "Era fugir do Brasil, mas para chegar em outro lugar mais interessante, que não estivesse pesado, contado e medido por essas categorias, como disse o [Jorge Luis] Borges, europeias — um lugar mais interessante que o 'Brasil' do poder".[15] Se a antropologia é uma fuga do Brasil (oficial, já suficientemente descrito a partir das categorias do Estado e da Nação) para dentro do Brasil (selvagem, não mapeado), a fotografia, por sua vez, aparece como uma fuga da própria antropologia, como Viveiros de Castro diz explicitamente na entrevista da revista *Nada*:

> Eu [...] vejo a fotografia como um modo de fugir da antropologia, de sair da antropologia, assim como vi na antropologia indígena que eu escolhi como profissão um modo de sair do Brasil. [...] Você tem que ter uma saída sempre, para tudo, senão você fica de fato preso. Eu gosto de ter alternativas e a fotografia para mim era uma maneira de sair da antropologia em todos os sentidos: sair da situação de campo quando ela estava desesperadora (o que acontece frequentemente) ou quando, ao contrário, ela suscitava perceptos e afectos que dificilmente encontrariam lugar na obra escrita.[16]

Fuga que, acredito, também leva, a seu modo, para dentro da própria antropologia, mas para territórios desconhecidos dentro dela, espaços de selvageria poética em que o antropólogo aceita pôr em risco sua própria autoridade "científica". A fotografia, portanto, acompanha Viveiros de Castro em sua "fuga do Brasil" como "uma espécie de recurso" a mais, "quase como se fosse parte de um diário de campo", ou ainda, "um *input* que só chega no trabalho propriamente antropológico muito transformado".[17] O próprio Viveiros de Castro — dando uma pista para um dos pontos de incidência desse input — chama a atenção para o contraste, ou mesmo para o *paradoxo* ("não deixa de ser paradoxal"), entre o fato de jamais ter refletido sobre "o estatuto da imagem dentro do trabalho antropológico" e o fato de que, no seu trabalho antropológico, "o estatuto da visão nas sociedades que [...] estudo[u]" tem grande relevância.

> Eu escrevi exaustivamente sobre o perspectivismo amazônico e a metáfora visual não é acidental, nem é incontrolada. Ao contrário, é uma metáfora que tem um fundamento na importância que a visão vai ter, junto com os outros sentidos, nas cosmologias ameríndias. Não há muito sentido em ficar hierarquizando sentidos, mas certamente a visão é uma referência crucial dentro dos conceitos indígenas de conhecimento e da percepção como um todo.[18]

Não se trata, no entanto, de ver as fotografias de Viveiros de Castro como ilustrações do perspectivismo ameríndio ou de qualquer outra de suas elaborações teóricas a partir das teorias ameríndias. O próprio antropólogo alerta: "[...] as minhas fotografias estão lá, os vários trabalhos que eu escrevi estão aqui, e a relação entre eles é infinitamente complicada (se é que há alguma). Ou o caminho é muito longo ou não há caminho, mas não há nenhuma relação direta".[19] Porém, se não são ilustrações, são outra coisa: e a relação indireta entre fotografia e antropologia, no caso de Viveiros de Castro, talvez possa ser dita relação *metafórica* ou mesmo *alegórica*. Essas fotografias podem ser vistas ainda como traduções no sentido forte da palavra: são, como diria Haroldo de Campos, *transcriações*,[20] isto é, transposições intersemióticas que põem em questão, antes de tudo, o próprio ato de reconstruir o significado a partir de diferentes processos de produção de sentido (ou, mais exatamente, *de sentidos*, em mais de um sentido de "sentido") — e que também, em alguma medida, alteram as formas consagradas do código de chegada (aqui, a fotografia) de acordo com as singularidades significantes do "texto" de partida (aqui, a vida e a filosofia indígenas, mas também a interpretação de ambas pelo antropólogo). São transcriações, a um só tempo, das práticas e ideias dos povos indígenas estudados (assim como das práticas e ideias dos artistas por ele retratados) e das hipóteses teóricas do antropólogo a respeito destes (e também a respeito dos artistas[21]). O próprio Viveiros de Castro retomou, em mais de uma circunstância, a noção de antropologia como tradução, consciente de que "tradução, como se diz sempre, é traição", mas também de que "tudo está, porém, em saber escolher quem se vai trair". Traduzir — transcriar — é, em suma, buscar uma "traição [...] eficaz": "O objetivo, em poucas palavras, é uma reconstituição da imaginação conceitual indígena nos termos de nossa própria imaginação. Em nossos termos, eu disse — pois não temos outros; mas, e aqui está o ponto, isso deve ser feito de um modo capaz (se tudo 'der certo') de forçar nossa imaginação, e seus termos, a emitir significações completamente outras e inauditas".[22]

Não por acaso, algumas das mais memoráveis fotografias de Viveiros de Castro dão a ver sobretudo o intervalo entre o fotógrafo e o fotografado, a distância entre um e outro, mas também a quebra dessa distância por meio da *simpatia* (é marcante, em várias das imagens produzidas pelo antropólogo, sobretudo naquelas dos Araweté, o jogo dos olhares e dos sorrisos). Mas tais fotografias também dão a ver o intervalo entre as próprias práticas desse fotógrafo-antropólogo e aquelas de outros fotógrafos que também se colocaram diante de povos indígenas. Daí que, por exemplo, contra uma previsível "estética da pobreza", o antropólogo diga preferir explorar uma fotogenia natural dos Araweté.[23] Viveiros de Castro, embora fotógrafo, digamos, circunstancial, não é, de modo algum, um fotógrafo ingênuo. Quando produz suas fotografias dos Kulina, dos Yawalapíti, dos Yanomami, dos Araweté, dá mostras de fazê-lo a partir de uma lúcida consciência dos desafios colocados aos fotógrafos pelo trabalho com povos indígenas. Essa consciência, que se pode depreender das suas imagens por meio de análise, fica explícita a posteriori, em forma discursiva, na série de considerações que ele tece sobre a coleção de fotografias de índios do Instituto Moreira Salles (IMS) para uma série de vídeos publicados em janeiro de 2011 no blog da instituição.[24] Fotografar é, para Viveiros de Castro, também colocar em prática uma reflexão crítica sobre a representação fotográfica dos povos ameríndios.

Viveiros de Castro concebe suas fotografias em deliberado contraste com a função de álibi desempenhada, algumas vezes involuntariamente, por fotografias anteriores dos índios do Xingu:

> Por muito tempo, o Parque do Xingu desempenhou um papel ideológico fundamental. Os índios do Xingu foram sempre os mais fotografados, filmados e visitados de todos os índios brasileiros; eles são conspícuos em livros ilustrados para turistas sobre o exótico Brasil, em cartões-postais e nos estereótipos dos meios de comunicação de massa. Assim, a "proteção" dada aos índios do Xingu — a garantia federal do direito à autodeterminação e à posse de suas terras — serve como um álibi, encobrindo a miséria e a pilhagem sofridas por outros índios brasileiros. Se isso ajudou

os índios do Xingu — depois de tudo, é melhor ser visitado pelo rei da Bélgica e fotografado por turistas japoneses do que ser assassinado por um fazendeiro ou ter sua terra expropriada por uma companhia mineradora multinacional —, não obstante deu uma imagem distorcida da real situação dos índios. Agora, com o Parque do Xingu em risco de desaparecer em face da indiferença oficial, as coisas certamente vão se tornar piores, e a presença dos brancos não ficará mais confinada, como nas fotografias que eu fiz, a balões coloridos, contas de vidro e espingardas de caça.[25]

Nas mesmas considerações sobre o acervo do IMS, ressalta o caráter posado, composto, das fotografias de Albert Frisch e de Marc Ferrez:

> Transmitem hoje, para o espectador, um componente fortemente forçado, artificial, que contrasta muito, por exemplo, com as fotos do José Medeiros ou da Maureen [Bisilliat], por razões diferentes. O José Medeiros na tradição mais fotojornalística, e a Maureen mais na coisa dos grandes closes dela, dos closes dramáticos que ela faz. Aqui, você tem, ao contrário, uma coisa de meia distância. Mesmo quando é foto de casais, grupos ou pessoas, há uma certa distância e sempre com essa sensação de arranjo — de arranjo floral, digamos assim. Cenas típicas.

São "cenas paradigmáticas", "fotos marcadas pela ideia do tipo". Em suma, enquanto, nas fotografias de Maureen Bisilliat, os índios aparecem como *indivíduos*,[26] em Frisch eles aparecem como *tipos*. Podemos, com base nesse contraste entre extremos, dizer que, para Viveiros de Castro, o interesse principal não é mais nem pelo *indivíduo*, nem pelo *tipo*, mas por uma outra forma de representação, aquela que, usando uma palavra do seu próprio vocabulário metateórico e ecopolítico mais recente, podemos chamar de *exemplo*.

Salvo engano, Viveiros de Castro não se detém sobre esse tema em nenhum ensaio. Temos de estar atentos, portanto, para as margens de sua produção textual, aos seus tuítes e às suas entrevistas. No Twitter, em março de 2016, escreveu uma série de aforismos distinguindo *exemplo* e *modelo*:

> Diferença entre modelo e exemplo. Modelo impõe cópia, exemplo inspira invenção. Verticalidade do modelo, horizontalidade do exemplo.
>
> O modelo é o ideal do engenheiro, o exemplo o estímulo do bricoleur. Modelo dá ordens, exemplo dá pistas.
>
> O elemento do modelo é o Ser, o do exemplo, o fazer. [...].[27]
>
> O modelo é platônico e extensivo, o exemplo é empirista e intensivo.
>
> Enfim: o modelo cai do céu, o exemplo surge da terra.
>
> Um exemplo te dá várias ideias. Um modelo te enfia uma Grande Ideia pela goela abaixo.
>
> O modelo implica crença, o exemplo suscita criação. O modelo é catequético, o exemplo é heurístico.
>
> O modelo é da ordem da filiação, o exemplo da ordem da aliança ou afinidade.[28]

Numa entrevista a Alexandra Lucas Coelho, o antropólogo retoma essa distinção:

É preciso distinguir entre modelo e exemplo. Os índios são um exemplo, não um modelo. Jamais poderemos viver como os índios, por todas as razões. Não só porque não podemos como não é desejável. Ninguém está querendo parar de usar computador ou usar antibiótico, ou coisa parecida. Mas eles podem ser um exemplo na relação entre trabalho e lazer. Basicamente trabalham três horas por dia. O tempo de trabalho médio dos povos primitivos é de três, quatro horas no máximo. Só precisam para caçar, comer, plantar mandioca. Nós precisamos de oito, 12, 16. O que eles fazem o resto do tempo? Inventam histórias, dançam. O que é melhor ou pior? Sempre achei estranho esse modelo americano, trabalha 12 horas por dia, 11 meses e meio por ano, para tirar 15 dias de férias. A quem isso beneficia?[29]

Percebe-se claramente esse caráter *exemplar* da fotografia de Viveiros de Castro nas imagens que mostram um ou mais índios exercendo alguma atividade — por exemplo, preparar a comida — ao mesmo tempo que repousam na rede ou no chão (figs. 13-16). Trata-se de uma atitude flagrantemente paradoxal para os padrões do Ocidente capitalista. Como misturar, num só gesto, preguiça e ação, repouso e produção? Temos, nessas fotos, uma imagem concreta da célebre frase jocosa — a um só tempo, anticapitalista e contramarxista — do antropólogo: "O trabalho é a essência do homem porra nenhuma. A atividade talvez seja, mas trabalhar, não".[30]

Quando vemos essas fotos em sequência, o que temos é uma espécie de macroalegoria do modo de vida indígena como contraposição ativa ao modo de vida ocidental, o que, no limite, no âmbito das reflexões de Viveiros de Castro e Déborah Danowski sobre o Antropoceno, nos conduz à fórmula segundo a qual os índios — cujos mundos começaram a acabar em 1492 — são "especialistas em fins do mundo"[31] e à conclusão de que, portanto, a partir do seu exemplo, podemos tentar sobreviver ao iminente fim do nosso próprio mundo por conta das mudanças climáticas determinadas pela ação humana. São especialmente marcantes, no tocante a isso, as fotografias de Viveiros de Castro que apanham algumas figuras de intervalo, personagens que não sabemos identificar imediatamente como indígenas ou como não indígenas, como uma senhora de Altamira, vestida de modo bastante inusual, seja para os padrões ameríndios, seja para os padrões ocidentais (fig. 17). Essas fotografias apreendem um certo desalento, uma certa melancolia do índio convertido em pobre, mas também a esperança do que vem (do que já está aí sob a forma de emergência) e uma dignidade que não se cancela. Por outro lado, acredito que também possamos flagrar algo desse "devir-índio" (para falar como Deleuze e Guattari) ou "virar índio" (para falar como Oswald de Andrade) em artistas como Hélio Oiticica e Waly Salomão tais como fotografados por Viveiros de Castro (figs. 18-19). Há algo neles que vai além da encenação artística, algo que não é mais só arte: um compromisso vital que se faz e se exibe nos corpos.

A fotografia, para Viveiros de Castro, resulta de uma colaboração — de uma *co-atividade*, de uma *co-poiese* — entre o fotógrafo e os fotografados. A poética fotográfico-antropológica só se realiza a partir de uma prévia poética da vida inventada e experimentada cotidianamente pelos indígenas. Trata-se de uma poética, no sentido pleno da palavra, precisamente porque essa forma de vida não se conforma aos padrões gestuais e experienciais hegemônicos no Ocidente. O mesmo ocorre com os artistas retratados por Viveiros de Castro; porém, há uma diferença: no caso dos artistas, a contraposição aos modos dominantes é deliberada — não pode não tomar os modos dominantes como pontos de partida, ainda que para se opor a eles —, enquanto, no caso dos índios, ela é, por assim dizer, o simples exercício da vida. Daí que, aliás, o exemplo indígena seja, de certo modo, mais desafiador para as sociedades ocidentais do que o exemplo dos artistas, o qual, por mais selvagem que seja a arte, já irrompe sob o risco de ser domesticado como mais uma mercadoria. Daí também que a arte mais revolucionária da modernidade tenha sido aquela que, das mais diferentes maneiras, buscou abolir a separação entre arte e vida. Não por acaso, Marielle Macé encontrou em Viveiros de Castro um guia importante para seu ensaio de reivindicação de uma "estilística da existência" que é também uma "crítica de nossas formas de vida" ("nossas": ocidentais).[32] Macé sublinha na obra do antropólogo sua disposição em estudar os "estilos de pensamento" dos povos indígenas, o que seria um modo de "honrar a força de imaginação conceitual e a criatividade inerente a todo coletivo", mas também um modo de "favorecer o efeito de retorno desta força sobre nós mesmos: dito de outro modo, refletir sobre o que será de nós se 'nós' nos deixarmos verdadeiramente atingir, deslocar, por outras maneiras de ser homem".[33] Aliás, como assinala Macé, nesse modo de pensar as coisas, não há mais "o 'outro' posto diante do 'mesmo': não há senão maneiras de alteração".[34] Esta última expressão — *maneiras de alteração* — é preciosa também para se compreender o que está em questão na incerta mas riquíssima zona de contato entre fotografia e antropologia na trajetória de Viveiros de Castro. Poderíamos, a partir dessa expressão e da extensão que Macé lhe confere, retomar duas importantes noções que o antropólogo começou a elaborar ainda em suas primeiras pesquisas sobre os Yawalapíti — as de *fabricação do corpo* e de *maneirismo corporal*[35] — e perceber, à luz delas, que o que suas fotografias fazem, por meio de sua adesão simpática e *sim-poética* aos corpos retratados e por meio de sua capacidade de transportar ao espectador algo da emoção daquele contato, é permitir que também aquele que se coloque diante dessas imagens acabe por suspeitar em si mesmo outras variações do corpo selvagem.

Fig. 13: Eduardo Viveiros de Castro, *Iapi'ï-do trançando uma corda de curauá, Araweté, aldeia do Médio Ipixuna, Xingu*, 1982.

Fig. 14: Eduardo Viveiros de Castro, *Maria-hi fiando algodão, aldeia do Médio Ipixuna*, 1982.

Fig. 15: Eduardo Viveiros de Castro, *Irano-ro descansa enquanto sua mulher tece esteiras de babaçu*, 1981.

Fig. 16: Eduardo Viveiros de Castro, *No acampamento da caçada coletiva antes do cauim*, 1981.

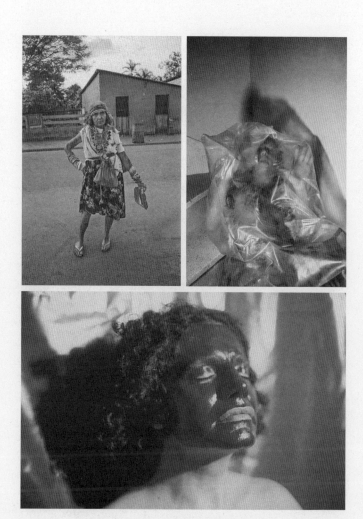

Fig. 17: Eduardo Viveiros de Castro, *Senhora atípica em Altamira durante a Copa do Mundo*, 1982.

Fig. 18: Eduardo Viveiros de Castro, *Hélio Oiticica no êxtase volátil do* Bólide Saco *em* HO, Rio de Janeiro, 1979.

Fig. 19: Eduardo Viveiros de Castro, *O poeta Waly Salomão com o rosto pintado de vermelho durante as filmagens de* HO. Era o "parangolé de rosto" que Hélio Oiticica idealizou em 1974, mas só montou em 1979, especialmente para o filme de Ivan Cardoso, 1979.

O antropófago

> [...] *os selvagens, que não têm mais que o necessário, conversam em figuras.*
>
> António Franco Alexandre, "Emersoniana", em *As moradas 1 & 2* (1987); na "verdade", uma tradução de meia frase do ensaio *Nature*, de Ralph Waldo Emerson

O antropófago — talvez desde sempre, mas sobretudo a partir de Oswald de Andrade — não é propriamente um indígena, mas, antes, um *aglomerado indígena-alienígena*, definido, antes de tudo, pela impossibilidade de um gesto puro, como se trouxesse, embutida na sua mão, outra mão, mão-fantasma, e coincidindo totalmente com a sua carne, a cada passo, a cada ato, e mesmo, ou sobretudo, no repouso, outra carne, a do inimigo devorado, longe já de toda "identidade", em qualquer sentido simples da palavra, realizando, na inextricabilidade entre corpo e pensamento, isto é, no seu im-próprio corpo-pensamento, nessa convergência encarnada de sintoma e símbolo que "ele" agora é, o teatro dialético do eu e do outro, do próprio e do alheio, do ser e do nada. Nesse sentido, pode-se dizer que o autor do "Manifesto Antropófago", mesmo denunciando as idealizações do indianismo romântico e daquilo que foram suas antecipações desde o início dessa história, aprendeu com "o índio de tocheiro" — ainda que "contra o índio de tocheiro" e sua fixidez de estatuária funcional — que *um índio* (e vale frisar, de novo: um índio não é propriamente um indígena, mas um aglomerado indígena-alienígena, como bem veria Caetano Veloso, na sua canção profética, porém, talvez, só porque, antes, o intuíram os "descobridores" europeus, na "contribuição milionária" do seu fundamental equívoco etnogeopolítico, quando confundiram as novas terras com as velhas Índias) é sempre, em alguma medida, uma criatura de *ficção*; ou, antes, que a ficção é o seu modo próprio de intervenção no mundo, como figura irredutível às categorias políticas de um real vacinado contra a imaginação e, portanto, desde o início afim à literatura, mesmo quando esta nem sequer existia como tal (é pela ficção do índio-alienígena que a carta de Caminha começa e é dela, sobretudo, que, extinto seu valor de documento, extrai sua permanência como texto e, como tal, se inscreve nas primeiras páginas de *Pau-Brasil*, mas também no "prólogo" falado da canção "Tropicália"). O canibal oswaldiano, tanto quanto o índio romântico ("O índio vestido de senador do Império. Fingindo de Pitt. Ou figurando nas óperas de Alencar cheio de bons sentimentos portugueses"), é um vírus de laboratório, programado para produzir efeitos no sistema cultural, social, político, econômico (ainda que esses efeitos sejam, num caso e no outro, antitéticos). Sua função é furar a imunidade do sistema, reprogramando o genoma ou o software geral. Não para que o sistema adquira suas próprias características e feições (é assim que, pelo contrário, age o vírus fascista, com o qual o vírus canibal antagoniza), mas para que o sistema, antes de tudo, se *descaraterize* a partir da força do impróprio (a meta é o "nenhum caráter" macunaímico) e, por fim, se *desfaça*: toda *feição* é não só uma *face*, mas também uma *facção* (uma comunidade violenta formada a partir de quimeras de identidade); e o antropófago, com suas máscaras que são vórtices contraidentitários, deixando para trás, antes de tudo, mesmo a ilusão de humanidade — isto é, a humanidade como projeto de exceção soberana entre as espécies —, aspira à *outra-face* e, no extremo, à *não-face*, àquela im-pura máscara radicalmente intercambiável; a uma face, em suma, que seja também uma *ficção*, isto é, um modo de ser capaz de desativar, num só lance, os impérios concorrentes da mentira e da verdade.

Notas

Experimento e experiência [pp. 13-7]

1. Manuel Bandeira, *Itinerário de Pasárgada* [1954], em *Poesia completa e prosa*. Rio de Janeiro: Nova Aguilar, 1996, pp. 47-8.
2. Depoimento a Mário da Silva Brito, *História do modernismo brasileiro: Antecedentes da Semana de Arte Moderna* [1958]. 3. ed. rev. Rio de Janeiro: Civilização Brasileira, 1971, p. 30.
3. Oswald de Andrade, "A crise da filosofia messiânica" [1950], em *A utopia antropofágica*. São Paulo: Globo; Secretaria de Estado da Cultura, 1990, pp. 136-7.
4. Diz, por exemplo, Alfredo Bosi que "a obra de Oswald permanece estruturalmente o que é: um leque de promessas realizadas pelo meio ou simplesmente irrealizadas", em *História concisa da literatura brasileira* [1970] (34. ed. rev. e atual. São Paulo: Cultrix, 1996), p. 357.
5. Décio Pignatari, "Teoria da guerrilha artística" [1967], em *Contracomunicação*. São Paulo: Perspectiva, 1973, p. 158.
6. Oswald de Andrade, "A crise da filosofia messiânica", op. cit., p. 106.
7. Ibid., p. 111.

Antropofagia como máquina de guerra [pp. 18-22]

1. Augusto de Campos, "Revistas re-vistas: Os antropófagos", *Revista de Antropofagia*, ed. fac-similar. São Paulo: Círculo do Livro, 1975.
2. Oswald de Andrade, "Manifesto Antropófago" [1928], em *A utopia antropofágica*. São Paulo: Globo; Secretaria de Estado da Cultura, 1990, p. 47.
3. Id., "Mensagem ao antropófago desconhecido" [1946], em *Estética e política*. Org. de Maria Eugenia Boaventura. São Paulo: Globo, 1992, p. 286.
4. Cf. Gilles Deleuze e Félix Guattari, "Tratado de nomadologia: A máquina de guerra", em *Mil platôs: Capitalismo e esquizofrenia* [1980], v. 5. Trad. de Peter Pál Pelbart e Janice Caiafa. São Paulo: Editora 34, 1997, pp. 11-110.
5. Décio Pignatari, "Teoria da guerrilha artística" [1967], em *Contracomunicação*. São Paulo: Perspectiva, 1973, pp. 158 e 160.

6. Ibid., pp. 157 e 161.
7. Ibid., pp. 161-2.
8. Oswald de Andrade, "O caminho percorrido" [1944], em *Ponta de lança*. São Paulo: Globo, 2004, p. 167.
9. Oswald de Andrade, "Manifesto Antropófago", op. cit., p. 48.
10. Ibid., p. 50.

Diante da lei — da gramática — da história [pp. 23-42]

1. Franz Kafka, "Diante da lei", em *Um médico rural: Pequenas narrativas* [1919]. Trad. de Modesto Carone. São Paulo: Brasiliense, 1994, p. 23. Cf. Id., *O processo* [1925]. Trad. de Modesto Carone. São Paulo: Companhia das Letras, 1997, pp. 261-2.
2. Id., "Diante da lei", op. cit., p. 24.
3. Ibid., pp. 24-5.
4. Id., *O processo*, op. cit., p. 278.
5. Alexandre Nodari, "A única lei do mundo" [2010], em Jorge Ruffinelli e João Cezar de Castro Rocha (Orgs.), *Antropofagia hoje?: Oswald de Andrade em cena*. São Paulo: É Realizações, 2011, pp. 455-83.
6. Oswald de Andrade, "Manifesto Antropófago" [1928], em *A utopia antropofágica*. São Paulo: Globo; Secretaria de Estado da Cultura, 1990, p. 47.
7. Alexandre Nodari, "A única lei do mundo", op. cit., p. 456.
8. Ibid., pp. 455-7.
9. Oswald de Andrade, *A morta* [1937], em *Panorama do fascismo. O homem e o cavalo. A morta*. São Paulo: Globo, 2005, p. 188.
10. Freuderico [Oswald de Andrade], "De antropofagia", *Revista de Antropofagia*, 2ª dentição, n. 1, p. 1, 17 mar. 1929.
11. Alexandre Nodari, "A única lei do mundo", op. cit., p. 461.
12. Oswald de Andrade, "Schema ao Tristão de Athayde", *Revista de Antropofagia*, n. 5, p. 3, set. 1928.
13. Alexandre Nodari, "A única lei do mundo", op. cit., p. 470.
14. Ibid., pp. 470-1.
15. Ibid., pp. 471-2.
16. Ibid., pp. 473-6.
17. Oswald de Andrade, "Schema ao Tristão de Athayde", op. cit., p. 3. Cf. Alexandre Nodari, "'[...] o Brasil é um grilo de seis milhões de quilômetros talhado em Tordesilhas': Notas sobre o Direito antropofágico", *Prisma Jurídico*, v. 8, n. 1, pp. 121-41, jan.-jun. 2009.
18. Id., *Pau-Brasil* [1925]. São Paulo: Globo, 1991, pp. 67-81.
19. Walter Benjamin, "Sobre o conceito de história" [1940], trad. de Jeanne Marie Gagnebin e Marcos Lutz Müller, em Michael Löwy, *Walter Benjamin:*

aviso de incêndio: Uma leitura das teses "Sobre o conceito de história". Trad. de Wanda Nogueira Caldeira Brant. São Paulo: Boitempo, 2005, p. 70.
20. Oswald de Andrade, *Memórias sentimentais de João Miramar* [1924]. São Paulo: Globo, 1996, pp. 43-4.
21. Id., "A poesia pau-brasil" [1925], resposta a Tristão de Athayde, em *Os dentes do dragão: Entrevistas*. Org. de Maria Eugenia Boaventura. São Paulo: Globo; Secretaria de Estado da Cultura, 1990, p. 31.
22. Id., "Manifesto da Poesia Pau-Brasil" [1924], em *A utopia antropofágica*. São Paulo: Globo; Secretaria de Estado da Cultura, 1990, p. 43.
23. Id., "Luiz Carlos Prestes, como acaba de vê-lo Oswald de Andrade" [1945], entrevista a *A Gazeta*, em *Os dentes do dragão*, op. cit., p. 94.
24. Id., "Poesia e artes de guerra" [1943], em *Ponta de lança*. São Paulo: Globo, 2004, p. 76.
25. Cf. o verbete "Máquina de guerra", em François Zourabichvili, *O vocabulário de Deleuze*. Trad. de André Telles. Rio de Janeiro: Relume Dumará, 2009, pp. 64-7.
26. Oswald de Andrade, "Poesia e artes de guerra", op. cit., p. 77.
27. Id., "Manifesto Antropófago", op. cit., pp. 48-9.
28. Ibid., p. 50.
29. Eduardo Viveiros de Castro, *Os involuntários da pátria*. São Paulo: n-1 Edições, 2016.
30. Jacques Derrida, *O monolinguismo do outro* [1996]. Trad. de Fernanda Bernardo. Belo Horizonte: Chão da Feira, 2017, p. 70.
31. Ibid., p. 69.
32. Oswald de Andrade, "Erro de português" [1925], em *O santeiro do mangue e outros poemas*. São Paulo: Globo; Secretaria de Estado da Cultura, 1991, p. 95; id., "Manifesto da Poesia Pau-Brasil", op. cit., p. 42. Cf. também id., "Vício na fala", "O gramático" e "Pronominais", em *Pau-Brasil*, op. cit., pp. 80, 86 e 120.
33. Id., "Antiga conversa com Oswald de Andrade" [1950], entrevista a Milton Carneiro, em *Os dentes do dragão*, op. cit., p. 182. Cf. ainda: "Os índios eram sereníssimos, absolutamente ametafísicos. Não sofriam de psicose como todos nós sofremos hoje. [...] Não sofriam porque pensavam a favor da natureza a céu aberto, em ambiente ilimitado, sem os entraves e as limitações que a nossa civilização turbilhonante, hertziana e ultravioleta proporciona ao pensamento comprimido do brasileiro da atualidade" (pp. 182-3).
34. Walter Benjamin, "Sobre o conceito de história", op. cit., p. 83.
35. Id., "Experiência e pobreza" [1933], em *Magia e técnica, arte e política*. Trad. de Sergio Paulo Rouanet. São Paulo: Brasiliense, 1994, p. 116.
36. Erich Auerbach, "Cartas de Erich Auerbach a Walter Benjamin", trad. de Luiz Costa Lima, *34 Letras*, n. 5/6, pp. 68-74, 1979.

37. Giorgio Agamben, *Estado de exceção*. Trad. de Iraci D. Poleti. São Paulo: Boitempo, 2004, p. 133.
38. Oswald de Andrade, "Sob as ordens de mamãe" [1954], entrevista a Marcos Rey, em *Os dentes do dragão*, op. cit., p. 233.
39. Id., "Estou profundamente abatido: Meu chamado não teve resposta" [1954], entrevista a Radhá Abramo, em *Os dentes do dragão*, op. cit., p. 240.
40. Mário Pedrosa, *Dimensões da arte*. Rio de Janeiro: Ministério da Educação e Cultura; Serviço de Documentação, 1964, p. 119. Também em *Forma e percepção estética: Textos escolhidos II*. São Paulo: Edusp, 1995, p. 64.
41. Oswald de Andrade, "Novas dimensões da poesia" [1949], em *Estética e política*. Org. de Maria Eugenia Boaventura. São Paulo: Globo, 1992, p. 117. Quanto à loucura, podemos lembrar a frase de Torquato Neto: "Cada louco é um exército" (*Os últimos dias de paupéria*. São Paulo: Max Limonad, 1982, p. 348).
42. Id., "Novas dimensões da poesia", op. cit., pp. 114-5.
43. Antonio Candido, "Prefácio inútil" [1954], em Oswald de Andrade, *Um homem sem profissão: Sob as ordens de mamãe* [1954]. São Paulo: Globo, 1990, p. 17.
44. Ibid., p. 18.
45. Ibid., p. 17.
46. Ibid., p. 18.
47. Ibid., p. 16.
48. Oswald de Andrade, "Manifesto Antropófago", op. cit., p. 49.
49. O *desvario* é uma tópica importante do modernismo brasileiro. A referência óbvia, quanto a isso, é o título de Mário de Andrade, *Pauliceia desvairada*.
50. Antonio Candido, "Prefácio inútil", op. cit., p. 18. Nada mais longe da Antropofagia tal como proposta por Oswald do que a *trituração* do mundo em busca de um "bagaço", como também dirá aí Candido.
51. Ibid.
52. Foi, vale lembrar, constante o interesse de Oswald de Andrade pela dança, sobretudo em suas vertentes mais revolucionárias. Vejam-se, por exemplo, as páginas que dedica aos dias passados com a bailarina e coreógrafa Isadora Duncan, quando esta esteve no Brasil, em *Um homem sem profissão: Sob as ordens de mamãe* (1954), São Paulo: Globo; Secretaria de Estado da Cultura, 1990, pp. 99-104. Também esse interesse, como quase tudo na obra oswaldiana, teve seu momento marcadamente político na década de 1930, como se pode depreender do depoimento de Paulo Emilio Salles Gomes por ocasião dos dez anos da morte do escritor: "Foi com Oswald que fui ao Municipal ver a bailarina expressionista norte-americana Belle Didjah dançar, com uma enorme bandeira vermelha, uma música inspirada no hino da Internacional" ("Um discípulo de Oswald em 1935", *O Estado de S. Paulo*, 24 out. 1964. Suplemento Literário, p. 4).

O drama do poeta [pp. 43-73]

1. Oswald de Andrade, "Pau-Brasil" [1925], em *Os dentes do dragão: Entrevistas*. Org. de Maria Eugenia Boaventura. São Paulo: Globo; Secretaria de Estado da Cultura de São Paulo, 1990, p. 22.
2. Ibid., p. 25.
3. Ibid., p. 21. No "Manifesto da Poesia Pau-Brasil", Oswald apresenta a nova poética como parte da "reação contra todas as indigestões de sabedoria", em *A utopia antropofágica* (São Paulo: Globo; Secretaria de Estado da Cultura, 1990), p. 45.
4. Oswald de Andrade, "Pau-Brasil", op. cit., pp. 22-3.
5. Dante Alighieri, *Epistole*, XIII, 1.
6. Oswald de Andrade, "A crise da filosofia messiânica", em *A utopia antropofágica*, op. cit., p. 101; id., "Manifesto Antropófago", op. cit., p. 51.
7. Cf. Paulo Prado, "Poesia Pau-Brasil", em Oswald de Andrade, *Pau-Brasil* [1925]. São Paulo: Globo, 1991, p. 59.
8. Cf. Paul de Man, "Literary History and Literary Modernity" [1969], em *Blindness and Insight: Essays in the Rhetoric of Contemporary Criticism*. 2. ed. rev. Minneapolis: University of Minnesota Press, 1997, pp. 142-65.
9. Oswald de Andrade, "A crise da filosofia messiânica", op. cit., p. 186.
10. Raúl Antelo, "Políticas canibais: Do antropofágico ao antropoemético", em *Transgressão & modernidade*. Ponta Grossa: Editora UEPG, 2001, p. 275.
11. Oswald de Andrade, "Falação", em *Pau-Brasil*, op. cit., p. 65. (No "Manifesto", um pouco diferente: "O lado doutor. Fatalidade do primeiro branco aportado e dominando politicamente as selvas selvagens. O bacharel".)
12. Mário de Andrade, carta a Carlos Drummond de Andrade de 29 de novembro de 1925, em *Carlos & Mário: Correspondência de Carlos Drummond de Andrade e Mário de Andrade*. Org. de Silviano Santiago. Rio de Janeiro: Bem-Te-Vi, 2002, p. 162. Cf. Mário de Andrade, carta a Manuel Bandeira de 15 de novembro de 1925, em Mário de Andrade e Manuel Bandeira, *Correspondência Mário de Andrade & Manuel Bandeira*. Org. de Marcos Antonio de Moraes. São Paulo: Edusp; IEB, 2001, pp. 254 e 255n.
13. Mário de Andrade, "Oswald de Andrade: Pau Brasil, Sans Pareil, Paris, 1925" [1925], em Oswald de Andrade, *Pau-Brasil* [1925]. São Paulo: Globo, 2006, p. 81.
14. Ibid.
15. Ibid.
16. Ibid.
17. Oswald de Andrade, *Memórias sentimentais de João Miramar* [1924]. São Paulo: Globo, 1996, p. 107.
18. Id., *Serafim Ponte Grande* [1933]. São Paulo: Globo, 1992, p. 163.

19. Ibid., p. 94.
20. Ibid., p. 110.
21. Ibid., p. 117.
22. Oswald de Andrade, *Dicionário de bolso (ca.* 1930-*ca.* 1940). Org. de Maria Eugenia Boaventura. São Paulo: Globo; Secretaria de Estado da Cultura de São Paulo, 1990, p. 47.
23. Gianfranco Contini, "Dante come personaggio-poeta della *Commedia*" [1958], em *Un'idea di Dante*. Turim: Einaudi, 2001, pp. 33-62.
24. Oswald de Andrade, "Sobre poesia" [1949], em *Telefonema*. Org. de Vera Maria Chalmers. São Paulo: Globo, 1996, pp. 293-4; id., "Novas dimensões da poesia" [1949], em *Estética e política*. Org. de Maria Eugenia Boaventura. São Paulo: Globo, 1992, p. 106. Nessa edição, realizada a partir do manuscrito da conferência, a pequena citação dantesca está repleta de erros, resultando num italiano macarrônico com seu quê de Juó Bananère: *"Perche nascesse/ Questi, il vocábelo di quella riviera/ Pur com'uom fá dell'orribili cose?"*.
25. Id., "Novas dimensões da poesia", op. cit., p. 108.
26. Ibid., p. 111.
27. Oswald de Andrade, *Marco Zero I: A revolução melancólica* [1943]. São Paulo: Globo, 2008, pp. 222 e 224.
28. Id., *Marco Zero II: Chão* [1945]. São Paulo: Globo, 2008, p. 84.
29. Ibid., pp. 55-7.
30. Vale lembrar que Dante encontra Orfeu entre os habitantes do Limbo; cf. *Inf.* IV 140. E, no *Convivio*, cita o relato de Ovídio sobre os poderes da música de Orfeu: poder anestésico ante as feras, poder mobilizador frente às árvores e pedras (cf. II i 3). No entanto, a própria descida ao Inferno para posterior ascensão pelo Purgatório em busca de Beatriz é, em certa medida, uma retomada da catábase órfica. Cf. Zygmunt G. Barański, "Notes on Dante and the Myth of Orpheus", em *Dante: Mito e poesia* (Org. de Michelangelo Picone e Tatiana Crivelli. Florença: Franco Cesati, 1997), pp. 133-54; Michelangelo Picone, "Il canto V del *Purgatorio* fra Orfeo e Palinuro", *L'Alighieri*, v. 40, n. 13, pp. 39-52, 1999; Julius Wilhelm, "Orpheus bei Dante", em *Medium Aevum Romanicum: Festschrift für Hans Rheinfelder* (Org. de Heinrich Bihler e Alfred Noyer-Weidner. Munique: Hüber, 1963), pp. 397-406.
31. Maurice Blanchot, "O olhar de Orfeu", em *O espaço literário* [1955]. Trad. de Álvaro Cabral. Rio de Janeiro: Rocco, 1987, pp. 171-5. Tradução ligeiramente modificada.
32. Ibid.
33. Id., *La Communauté inavouable* [1983]. Paris: Minuit, 2005, pp. 67 e 76-7.

34. Cf. Jean Laplanche e Jean-Bertrand Pontalis, *Vocabulário da psicanálise* [1967]. Trad. de Pedro Tamen. São Paulo: Martins Fontes, 1999, pp. 238-9, 248-9 e 245.
35. Oswald de Andrade, *A morta* [1937], em *Panorama do fascismo. O homem e o cavalo. A morta*. São Paulo: Globo, 2005, p. 181. Grifo meu.
36. Ibid. Grifo meu.
37. Ibid., p. 187.
38. Id., "Carta-prefácio do autor" [1937], em *A morta*, op. cit., p. 177. Grifo meu.
39. Oswald de Andrade, "Manifesto da Poesia Pau-Brasil" [1924] e "Manifesto Antropófago" [1928], em *A utopia antropofágica*, op. cit., pp. 41-5 e 47-52.
40. Giorgio Agamben, "Arte, inoperatividade, política", trad. de Simoneta Neto, em Giorgio Agamben, Giacomo Marramao, Jacques Rancière e Peter Sloterdijk, *Política. Politics*. Porto: Fundação Serralves, 2007, p. 49.
41. Oswald de Andrade, "3 de maio", em *Pau-Brasil*, op. cit., p. 99. Grifo meu. No manifesto correspondente, define-se a poesia como "Alegria dos que não sabem e *descobrem*" (em *A utopia antropofágica*, op. cit., p. 41. Grifo meu).
42. Id., "Buena dicha", em *O escaravelho de ouro* [1946], reunido em *O santeiro do mangue e outros poemas*. São Paulo: Globo; Secretaria de Estado da Cultura, 1991, p. 90.
43. Id., "O hierofante", em *O santeiro do mangue e outros poemas*, op. cit., p. 89.
44. Id., *A morta*, op. cit., pp. 205-6.
45. Ibid., p. 194.
46. Oswald de Andrade, "Manifesto Antropófago", op. cit., p. 48.
47. Cf. Eduardo Viveiros de Castro, "Perspectivismo e multinaturalismo na América indígena", em *A inconstância da alma selvagem e outros ensaios de antropologia*. São Paulo: Cosac Naify, 2011, pp. 375-6.
48. Raúl Antelo, "Políticas canibais: Do antropofágico ao antropoemético", op. cit., p. 273.
49. Dante Alighieri, *Vita Nova*. Org. de Guglielmo Gorni. Turim: Einaudi, 1996, pp. 14-5: "*Poi che fuoro passati tanti dì che apuncto erano compiuti li nove anni apresso l'*apparimento *soprascripto di questa gentilissima, nell'ultimo di questi dì avenne che questa mirabile donna* apparve *a me vestita di colore bianchissimo* [...]". Grifos meus. Daqui em diante: *VN*.
50. Ibid., pp. 17-21.
51. Ibid., pp. 21-2.
52. Robert Pogue Harrison, *The Body of Beatrice*. Baltimore: The Johns Hopkins University Press, 1988, p. 26.
53. Oswald de Andrade, *A morta*, op. cit., p. 175.
54. *VN*, pp. 5-6. Note-se que, na *Vita Nova*, o sujeito da voz encontra-se marcado por uma fundamental incoincidência, devida ao páthos, com sua própria imagem, como fica claro na primeira estrofe de um soneto

transcrito no livro, soneto que Dante escreve, aliás, em voz alheia, mais precisamente as vozes das mulheres que, no velório do pai de Beatriz, vieram falar com ele: "*Se' tu colui ch'ài tractato sovente/ di nostra donna, sol parlando a noi?/ Tu risomigli alla* voce *ben lui,/ ma la* figura *ne par d'altra gente*" (Ibid., pp. 21-2). Grifos meus.

55. Oswald de Andrade, *A morta*, op. cit., pp. 188 e 198.
56. *Purg.* XXIV 52-54.
57. Anna Maria Chiavacci Leonardi, em seu comentário a *La Divina Commedia* [1994] (Milão: Mondadori, 2009), pp. 710 e 726.
58. Giorgio Agamben, "Disappropriata maniera" [1991], em *Categorie italiane: Studi di poetica e di letteratura*. 2. ed. aum. Roma; Bari: Laterza, 2010, pp. 88-9.
59. Ibid., *La comunità che viene*. Turim: Bollati Boringhieri, 2001.
60. Oswald de Andrade, *A morta*, op. cit., p. 193.
61. Maurice Blanchot, *La Communauté inavouable*, op. cit., p. 21.
62. Ibid.
63. Oswald de Andrade, *A morta*, op. cit., p. 213.
64. "Surto metastático" [1943], em *Feira das sextas*. Org. de Gênese Andrade. São Paulo: Globo, 2004, p. 143.
65. Walter Benjamin, "Sobre o conceito de história" [1940], trad. de Jeanne Marie Gagnebin e Marcos Lutz Müller, em Michael Löwy, *Walter Benjamin: aviso de incêndio: Uma leitura das teses "Sobre o conceito de história"*. Trad. de Wanda Nogueira Caldeira Brant. São Paulo: Boitempo, 2005, p. 48.
66. *L'Image survivante* é precisamente o título do grande estudo de Georges Didi-Huberman sobre Aby Warburg (Paris: Minuit, 2002).
67. Oswald de Andrade, "Levante", em *Pau-Brasil*, op. cit., p. 87.
68. Francisco Alvim, "A mão que escreve", em *O metro nenhum*. São Paulo: Companhia das Letras, 2011, pp. 61-2.
69. Priscila Figueiredo, "Lírica do pelourinho", *piauí*, ed. 62, p. 56, nov. 2011.
70. Francisco Alvim, "Quer ver?", em *Elefante*. São Paulo: Companhia das Letras, 2000, p. 55.
71. Alexandre O'Neill, "Alô, vovô", em *De ombro na ombreira* [1961], hoje em *Poesias completas* (Lisboa: Assírio & Alvim, 2012), p. 273. O epíteto "São João Batista da Nova Poesia" (e não "do Modernismo" ou "do modernismo brasileiro", como se diz por toda parte) foi cunhado por Mário de Andrade numa nota de rodapé de *A escrava que não é Isaura* (1924) — ensaio, não por acaso, dedicado a Oswald de Andrade (ou, na grafia, também ela apócrifa, de Mário, "Osvaldo de Andrade"). Cf. *Obra imatura*. São Paulo: Martins; Belo Horizonte: Itatiaia, 1980, p. 280n.

O copista canibal [pp. 74-9]

1. Veja-se o elogio de Carlo Ossola ao *copista* — que, diante do tempo, trabalha em dupla com o *profeta* para ligar passado e futuro — em *L'Avenir de nos origines: Le Copiste et le prophète* (Grenoble: Millon, 2004), especialmente no prefácio, intitulado precisamente "Le Copiste et le prophète", pp. 9-24.
2. José Lins do Rêgo, "Sobre um poeta e um contador de histórias" [1928], reproduzido parcialmente em Raul Bopp, *Putirum (Poesia e coisas do folclore)* (Org. de Macedo Miranda Rio de Janeiro: Leitura, 1969), p. 159.
3. Carlos Drummond de Andrade, "Cuidados da arte" [1947], em *Passeios na ilha: Divagações sobre a vida literária e outras matérias*. São Paulo: Cosac Naify, 2011, p. 179; José Paulo Paes, "Mistério em casa" [1961], em Raul Bopp, *Poesia completa de Raul Bopp*. Org. de Augusto Massi. 2. ed. Rio de Janeiro: José Olympio, 2013, p. 67.
4. Andrade Muricy, [rodapé do *Jornal do Comércio*, 1954], reproduzido em Raul Bopp, *Putirum*, op. cit., p. 174.
5. Alberto Andrade de Queiroz — que, depois, seria ministro da Fazenda.
6. Por exemplo, Othon M. Garcia, "Cobra Norato: O poema e o mito" [1962], em *Esfinge clara e outros enigmas: Ensaios estilísticos* (Rio de Janeiro: Topbooks, 1996), pp. 277-80.
7. Murilo Mendes, "Raul Bopp", em *Retratos-relâmpago* [1973], hoje em *Poesia completa e prosa* (Org. de Luciana Stegagno Picchio. Rio de Janeiro: Nova Aguilar, 1994), p. 1216.
8. Augusto Massi, "A forma elástica de Bopp", em Raul Bopp, *Poesia completa de Raul Bopp*, op. cit., p. 19.
9. Ibid., pp. 19-20.
10. Raul Bopp, *Movimentos modernistas no Brasil: 1922-1928* [1966]. Rio de Janeiro: José Olympio, 2012, p. 17.
11. Id., *Vida e morte da Antropofagia* [1977]. Rio de Janeiro: José Olympio, 2008, pp. 84-5.
12. O que não se compreende, nesta edição de *Movimentos modernistas no Brasil*, é que, tendo a mesma José Olympio publicado anteriormente *Vida e morte da Antropofagia*, em nenhum momento da apresentação preparada por Gilberto Mendonça Teles se observe que agora estamos, em verdade, diante do mesmo livro em outra versão. Tampouco se compreende a quantidade de nomes grafados de modo errôneo: Von Marlius em vez de Von Martius, Millaud em vez de Milhaud, Cendras em vez de Cendrars, Gregory Warshawsky em vez de Gregori Warchavchik, Abguar Renault em vez de Abgar. Outros vários nomes não foram atualizados segundo sua grafia contemporânea, a começar pelo da cidade natal de Bopp, Tupanciretã (que aparece como Tupaceretan). E não há

notas que esclareçam, por exemplo, que o quadro de Tarsila chamado por Bopp de *Antropófago* é na verdade o mais que célebre *Abaporu*.

A irrupção das formas selvagens [pp. 80-4]

1. Mário de Andrade, *Macunaíma, o herói sem nenhum caráter* [1928]. São Paulo: Ubu, 2017. Uma versão primeira deste texto foi publicada como "Apresentação" nessa edição (pp. 219-22).
2. Georges Didi-Huberman, *La Ressemblance par contact: Archéologie, anachronisme et modernité de l'empreinte* [1997]. Paris: Minuit, 2008.
3. Eduardo Viveiros de Castro, "Imanência do inimigo" [1996], em *A inconstância da alma selvagem e outros ensaios de antropologia*. São Paulo: Cosac Naify, 2002, pp. 267-94. Vale lembrar que o livro *Araweté: Os deuses canibais*, de Viveiros de Castro (Rio de Janeiro: Jorge Zahar, 1986), foi publicado em língua inglesa com o título de *From the Enemy's Point of View* (Trad. de Catherine V. Howard. Chicago; Londres: The University of Chicago Press, 1992).
4. Cf. Pierre Clastres, *A sociedade contra o Estado: Pesquisas de antropologia política* [1974]. Trad. de Theo Santiago. São Paulo: Ubu, 2017.

O apocalipse das imagens [pp. 85-114]

1. Cf. Marta Rossetti Batista e Yone Soares de Lima, *Coleção Mário de Andrade: Artes plásticas*. 2. ed. rev. e ampl. São Paulo: IEB-USP, 1998.
2. A oposição dos dois paradigmas é central em Georges Didi-Huberman, *L'Album de l'art à l'époque du "Musée imaginaire"* (Paris: Hazan; Musée du Louvre, 2013), especialmente no cap. "Le Trésor des chefs-d'œuvre et la clôture du champ esthétique", pp. 85-123.
3. Cf. Eduardo Sterzi, "A irrupção das formas selvagens", em Mário de Andrade, *Macunaíma, o herói sem nenhum caráter*. São Paulo: Ubu, 2017, pp. 219-22 (nesta edição, nas pp. 80-4); e também Eduardo Sterzi e Veronica Stigger, *Variações do corpo selvagem: Eduardo Viveiros de Castro, fotógrafo* (São Paulo: Sesc São Paulo, 2017).
4. Silviano Santiago (Org.), *Carlos & Mário: Correspondência de Carlos Drummond de Andrade e Mário de Andrade*. Rio de Janeiro: Bem-Te-Vi, 2002, p. 359.
5. Ibid., p. 363.
6. Mário de Andrade, *Macunaíma, o herói sem nenhum caráter* [1928]. Ed. crítica de Telê Porto Ancona Lopez. 2. ed. Madri; Paris; México; Buenos Aires; São Paulo; Rio de Janeiro; Lima: ALLCA XX, 1996, p. 20.
7. Cf. Eduardo Sterzi, "O copista canibal", nesta edição, nas pp. 74-9.

8. Oswald de Andrade, *Serafim Ponte Grande* [1933]. São Paulo: Globo, 1992, p. 36. Grifo meu.
9. Claude Lévi-Strauss, "A estrutura dos mitos", em *Antropologia estrutural*. Trad. de Chaim Samuel Katz e Eginardo Pires. Rio de Janeiro: Tempo Brasileiro, 1967, p. 252.
10. Haroldo de Campos, "Mário de Andrade: A imaginação estrutural" [1973], em *Metalinguagem & outras metas: Ensaios de teoria e crítica literária*. 4. ed. rev. e ampl. São Paulo: Perspectiva, 1992, pp. 167-82. Cf. Id., *Morfologia do Macunaíma*. São Paulo: Perspectiva, 1973.
11. Cf. Id., "Ideograma, anagrama, diagrama: Uma leitura de Fenollosa", em Haroldo de Campos (Org.), *Ideograma: Lógica, poesia, linguagem* [1977], textos traduzidos por Heloysa de Lima Dantas (3. ed. São Paulo: Edusp, 1994), pp. 23-107.
12. Nestor Victor, "Macunaíma" [1928], em *Os de hoje: Figuras do movimento modernista brasileiro*. São Paulo: Cultura Moderna, 1938, p. 170.
13. Ibid., pp. 168-9.
14. Ibid., p. 170.
15. Ibid., p. 173.
16. Cf. Eduardo Sterzi, "Brasil-sintoma: Como viver na pós-história?", em Roxana Patiño e Mario Cámara (Orgs.), *Por qué Brasil, qué Brasil? Recorridos críticos: La literatura y el arte brasileños desde Argentina*. Villa María: Eduvim, 2017, pp. 127-48.
17. Mário de Andrade, "Carnaval carioca" [1923], em *Clã do Jabuti* [1927], hoje em *Poesias completas*. Ed. crítica de Diléa Zanotto Manfio. Belo Horizonte: Itatiaia; São Paulo: Edusp, 1987, p. 163. Cf. Alberto Pucheu e Eduardo Guerreiro (Orgs.), *O carnaval carioca de Mário de Andrade* (Rio de Janeiro: Azougue, 2011); José Luiz Passos, *Ruínas de linhas puras: Quatro ensaios em torno a Macunaíma* (São Paulo: Annablume, 1998).
18. Antônio Bento, "Comentários de Antônio Bento", em Carybé e Antônio Bento, *Macunaíma: ilustrações do mundo do herói sem nenhum caráter: Edição comemorativa do cinquentenário da publicação de* Macunaíma, o herói sem nenhum caráter, *de Mário de Andrade. 1928-1978*. Rio de Janeiro: Livros Técnicos e Científicos; São Paulo: Edusp, 1979, pp. 3-4.
19. Walter Benjamin, *Origem do drama trágico alemão* [1928]. Trad. de João Barrento. Lisboa: Assírio & Alvim, 2004, p. 32. Cf. Giorgio Agamben, "Vortici", em *Il fuoco e il racconto*. Roma: Nottetempo, 2015, pp. 61-6; Haroldo de Campos, *O sequestro do Barroco na* Formação da literatura brasileira*: O caso Gregório de Mattos*. Salvador: Fundação Casa de Jorge Amado, 1989, p. 64.
20. Antônio Bento, "Comentários de Antônio Bento", op. cit., p. 99.
21. Ibid., pp. 99-100.

22. Ibid., p. 100.
23. Ibid., p. 9.
24. Ibid., p. 8.
25. Ibid., p. 94.
26. Mário de Andrade, "Pintor contista" [1939], em *O empalhador de passarinho* [1944]. Rio de Janeiro: Nova Fronteira, 2012, p. 48.
27. Id., "Do desenho", em *Aspectos das artes plásticas no Brasil* [1965]. Belo Horizonte: Itatiaia, 1984, p. 65.
28. Ibid., pp. 65-6.
29. Ibid., p. 68.
30. Ibid.
31. Ibid., p. 71.
32. Mário de Andrade, *O banquete* [1944-5]. São Paulo: Duas Cidades, 1989, pp. 61-2.
33. Cf. Pedro A. H. Paixão, *Desenho: a transparência dos signos: Estudos de teoria do desenho e de práticas disciplinares sem nome*. Lisboa: Assírio & Alvim, 2008, p. 30.
34. Giorgio Agamben, "Angelologia e burocrazia", em *Il regno e la gloria: Per una genealogia teologica dell'economia e del governo* (Homo sacer, II, 2). Vicenza: Neri Pozza, 2007, pp. 161-82. Cf. Giorgio Agamben e Emanuele Coccia (Orgs.), *Angeli: Ebraismo, Cristianesimo, Islam*. Veneza: Neri Pozza, 2009.
35. Mário de Andrade, carta a Drummond ("São Paulo, nem sei se é 18 ou 19 de janeiro 1927"), em *Carlos & Mário*, op. cit., p. 264.
36. Mário de Andrade, *Me esqueci completamente de mim, sou um departamento de cultura*. Org. de Carlos Augusto Calil e Flávio Rodrigo Penteado. São Paulo: Imprensa Oficial, 2015.
37. Mário de Andrade, *O banquete*, op. cit., p. 132.
38. Nuno Ramos, segundo Noemi Jaffe, HOUYHNHNMS: *Sustos lentos*. São Paulo: Pinacoteca do Estado, 2015, p. 30.
39. Mário de Andrade, *Macunaíma*, op. cit., p. 21n.
40. Marcelo Moreschi, "Mário de Andrade como ruína psicoetnográfica: O retrato de Flávio de Carvalho", *Peixe-Elétrico*, n. 1, pp. 6-36, jul. 2015.
41. Sobre o *sintoma*, cf. também *O banquete*, op. cit., p. 66.
42. Mário de Andrade, carta a Tarsila do Amaral datada de 7 de janeiro de 1925, em Mário de Andrade e Tarsila do Amaral, *Correspondência Mário de Andrade & Tarsila do Amaral*. Org. de Aracy Amaral. São Paulo: Edusp; IEB, 2001, p. 91.
43. Juliano Garcia Pessanha, "Heterotanatografia" [1999-2000], em *Certeza do agora*. Cotia: Ateliê, 2002, pp. 37-79.
44. Mário de Andrade, "Flor nacional" [1930], em *Táxi e crônicas no Diário Nacional*. Org. de Telê Porto Ancona Lopez. São Paulo: Duas Cidades; Secretaria da Cultura, Ciência e Tecnologia, 1976, pp. 183-4.

A voz sobrevivente [pp. 113-30]

1. Nicolas Boileau-Despréaux, *Arte poética*, canto III, apud Claude Lévi-Strauss, *A origem dos modos à mesa: Mitológicas 3* [1968]. Trad. de Beatriz Perrone-Moisés. São Paulo: Cosac Naify, 2006, p. 391.
2. Claude Lévi-Strauss, *A origem dos modos à mesa: Mitológicas 3*, op. cit., p. 118. Talvez valha reler essa teoria do romance ao lado das páginas de *La Potière jalouse* [1985] (Paris: Plon, 1991, pp. 21-34), que Lévi-Strauss dedicou a uma "teoria do *informe*" — teoria que, embora centrada na conexão estabelecida por alguns povos ameríndios entre as lianas da floresta e a argila com que trabalham oleiros e oleiras (assim como, em subtexto mítico, entre os intestinos e o excremento), se inicia, não por acaso, pela constatação, por Matthew Williams Stirling, no curso de uma pesquisa realizada entre os Jivaro em 1930-1, de que os mitos a partir dos quais se depreende essa elaboração teórica "são, na verdade, fragmentos de uma longa Gênese indígena, cuja memória, àquela época, se tinha perdido quase completamente", se bem que comportasse, ainda, a recitação dramática por um ancião, "acompanhada" — nas palavras de Stirling citadas por Lévi-Strauss — "de toda uma gesticulação, pantomima e modulações vocais, nas quais manifestava a mais viva emoção".
3. T. S. Eliot, "Myth and Literary Classicism" [originalmente, "Ulysses, Order, and Myth"], em Richard Ellmann e Charles Feidelson, Jr. (Orgs.), *The Modern Tradition*. Nova York: Oxford University Press, 1977, p. 681.
4. Cf. Veronica Stigger, "Maria Martins: Metamorfoses", em *Maria Martins: Metamorfoses*. Catálogo da exposição no Museu de Arte Moderna de São Paulo, 10 de julho a 15 de setembro de 2013 (São Paulo: MAM-SP, 2013), pp. 16-33; especialmente, quanto ao *Macunaíma*, pp. 20-2 e 33.
5. Murilo Mendes, "Mapa", em *Poemas* [1930], hoje em *Poesia completa e prosa*. Org. de Luciana Stegagno Picchio. Rio de Janeiro: Nova Aguilar, 1994, pp. 116-7.
6. "Conheci bem Mário de Andrade [...]. Nós fomos muito próximos. Seu romance *Macunaíma* é um grande livro." Claude Lévi-Strauss, *Loin du Brésil*, entrevista a Véronique Mortaigne. Paris: Chandeigne, 2005, p. 18.
7. Claude Lévi-Strauss, "Lévi-Strauss nos 90: A antropologia de cabeça para baixo", entrevista a Eduardo Viveiros de Castro, *Mana*, v. 4, n. 2, p. 122, out. 1998.
8. Mário de Andrade, *Macunaíma, o herói sem nenhum caráter* [1928]. Ed. crítica de Telê Porto Ancona Lopez. 2. ed. Madri; Paris; México; Buenos Aires; São Paulo; Rio de Janeiro; Lima: ALLCA XX, 1996, p. 158.
9. Ibid.
10. Ibid. Pergunto-me se essa audição dos próprios feitos por voz alheia não guardará uma alusão ao episódio da *Odisseia* (canto VIII) em que o herói,

na corte dos Feácios, escuta seu próprio *mythos* cantado por Demódoco, um aedo tão cego quanto Homero? Odisseu chora ao ouvir o relato, talvez por reconhecer-se, nele, já, em alguma medida, como partícipe da morte, na forma sublimatória da fama, mesmo estando vivo.

11. Mário de Andrade, *Macunaíma*, op. cit., p. 162.
12. Ibid., p. 163.
13. Ibid.
14. Ibid., p. 164.
15. Ibid.
16. Ibid.
17. Ibid., pp. 165-6.
18. Haroldo de Campos, *Morfologia do Macunaíma*. São Paulo: Perspectiva, 1973, p. 263.
19. Mário de Andrade, carta a Manuel Bandeira, 31 out. 1927, em *Correspondência Mário de Andrade & Manuel Bandeira*. Org. de Marcos Antonio de Moraes. São Paulo: Edusp; IEB, 2001, p. 359.
20. Mário de Andrade, *Macunaíma*, op. cit., p. 165. A referência à laje-jabuti já aparecera pouco antes, como "lapa que já fora jabuti" (p. 163).
21. Sigmund Freud, "Além do princípio do prazer" [1920], em *Obras completas*, v. 14: *História de uma neurose infantil ("O homem dos lobos"), Além do princípio do prazer e outros textos (1917-1920)*. Trad. de Paulo César de Souza. São Paulo: Companhia das Letras, 2010, p. 237.
22. Ibid., p. 204.
23. Mário de Andrade, *Macunaíma*, op. cit., pp. 164 ("*Decidiu*: — Qual o quê!... Quando urubu está de caipora o de baixo caga no de cima, este mundo não tem jeito mais e vou pro céu!") e 166 ("Então Pauí-Pódole teve *dó* de Macunaíma. Fez uma feitiçaria. Agarrou três pauzinhos jogou pro alto fez em encruzilhada e virou Macunaíma como todo o estenderete dele, galo galinha gaiola revólver relógio, numa constelação nova. É a constelação da Ursa Maior"). Grifos meus.
24. Telê Porto Ancona Lopez, "Rapsódia e resistência" [1984-7], em *Marioandradiando*. São Paulo: Hucitec, 1996, pp. 71-2. Grifo meu.
25. Mário de Andrade, *Macunaíma*, op. cit., p. 167.
26. George Steiner, *Real Presences* [1989]. Chicago: The University of Chicago Press, 1991, pp. 93-4. Cf. Id., *Grammars of Creation*. Londres: Faber and Faber, 2001, p. 214: "*Avant-garde can be, often turns out to be, epilogue*" [A vanguarda pode ser, frequentemente acaba por ser, epílogo].
27. Cf. Ettore Finazzi-Agrò, *Um lugar do tamanho do mundo: Tempos e espaços da ficção em João Guimarães Rosa*. Belo Horizonte: Editora UFMG, 2001, p. 85.
28. Mário de Andrade, *Macunaíma*, op. cit., p. 168.

29. Ibid., p. 167.
30. Ibid., p. 168.
31. Ibid.
32. Ibid.
33. Ibid.
34. Cf. Telê Porto Ancona Lopez, "Rapsódia e resistência", op. cit., p. 71.
35. Ettore Finazzi-Agrò, *Um lugar do tamanho do mundo*, op. cit., p. 63.
36. João Guimarães Rosa, *Grande sertão: veredas* [1956]. Rio de Janeiro: Nova Fronteira, 1986, p. 538; Ettore Finazzi-Agrò, *Um lugar do tamanho do mundo*, op. cit., p. 26.
37. Ettore Finazzi-Agrò, *Um lugar do tamanho do mundo*, op. cit., p. 29.
38. Cf. Telê Porto Ancona Lopez, "Rapsódia e resistência", op. cit., pp. 71-83. Mário Chamie examinou o *Macunaíma* a partir de um quadro mais amplo da "escrita rapsódica", em *Intertexto: a escrita rapsódica: Ensaio de literatura produtora* (São Paulo: Práxis, 1970).
39. "[...] o prólogo ao seu romance estava já, inteiro, no seu epílogo." Ettore Finazzi-Agrò, "As palavras em jogo: Macunaíma e o enredo dos signos", em Mário de Andrade, *Macunaíma*, op. cit., p. 315.
40. Ettore Finazzi-Agrò, "As palavras em jogo: Macunaíma e o enredo dos signos", op. cit., p. 314.
41. Ibid.
42. Ibid., pp. 314-5.
43. Ibid., p. 316.
44. Mário de Andrade, "2º prefácio" não publicado para o *Macunaíma*, reproduzido em Telê Porto Ancona Lopez, *Macunaíma: A margem e o texto* (São Paulo: Hucitec, 1974), pp. 90-1. Há uma nota esparsa intitulada precisamente "Sintoma de cultura" que diz: "Uma colaboração pontual do nacional e o internacional onde a fatalidade daquele se condimenta com uma escolha discricionária e bem a propósito deste. O que dá o tom sendo pois um universalismo constante e inconsciente que é porventura o sinal mais evidente da humanidade enfim concebida como tal. Coisa que a gente já pode sentir" (pp. 94-5). Os prefácios foram publicados também, em versão fac-similar, na edição crítica do *Macunaíma*.
45. Mário de Andrade, *Macunaíma*, op. cit., p. 37.
46. Luiz Felipe de Alencastro, *O trato dos viventes: Formação do Brasil no Atlântico Sul. Séculos XVI e XVII*. São Paulo: Companhia das Letras, 2000, p. 145.
47. Ettore Finazzi-Agrò, "Morte com espectador: A persistência do trágico em Lya Luft", em Lélia Parreira Duarte (Org.), *As máscaras de Perséfone: Figurações da morte nas literaturas portuguesa e brasileira contemporâneas*. Rio de Janeiro: Bruxedo; Belo Horizonte: Editora PUC-Minas, 2006, p. 123.
48. "As palavras em jogo: Macunaíma e o enredo dos signos", op. cit., pp. 320-1.

49. Id., "Morte com espectador: A persistência do trágico em Lya Luft", op. cit., pp. 122-3.
50. Cf. Alberto da Costa e Silva, "Estas *Primeiras estórias*", em João Guimarães Rosa, *Primeiras estórias* [1962]. Rio de Janeiro: Nova Fronteira, 2005, p. 9.
51. Cf. Ibid., p. 10.
52. Ettore Finazzi-Agrò, "De quem é a culpa?: O trágico e a falta em *A hora da estrela*", em Ettore Finazzi-Agrò, Roberto Vecchi e Maria Betânia Amoroso (Orgs.), *Travessias do pós-trágico: Os dilemas de uma leitura do Brasil*. São Paulo: Unimarco, 2006, pp. 29-30.
53. Ibid., p. 32.
54. Ettore Finazzi-Agrò, "Em formação: A literatura brasileira e a 'configuração da origem'", em Raúl Antelo (Org.), *Antonio Candido y los estudios latinoamericanos*. Pittsburgh: Instituto Internacional de Literatura Iberoamericana — University of Pittsburgh, 2001, pp. 176-7.
55. Ibid., p. 177.
56. Ibid.
57. Dawid Danilo Bartelt, "Palavras secas: O discurso sobre o 'sertão' no século XIX", em João Cezar de Castro Rocha (Org.), *Nenhum Brasil existe: Pequena enciclopédia*. Rio de Janeiro: Topbooks; UERJ; UniverCidade, 2003, p. 587.
58. Ettore Finazzi-Agrò, "Em formação: A literatura brasileira e a 'configuração da origem'", op. cit., pp. 177-8.
59. Ibid., p. 178.
60. Michel Foucault, "Nietzsche, la généalogie, l'histoire" [1971], apud Ettore Finazzi-Agrò, "Em formação: A literatura brasileira e a 'configuração da origem'", op. cit., p. 178.

Uns índios (suas falas) [pp. 131-60]

1. *Impacto*, aí, é outro nome para informação nova, e todo sistema informacional comporta entropia.
2. A anotação acha-se no alto da página 5 do datiloscrito. Cf. Adriana de Fátima Barbosa Araújo, "Uma pesquisa sobre 'Meu tio o iauaretê' de Guimarães Rosa: Passos iniciais", *Revista de Letras da Universidade Católica de Brasília*, v. 1, n. 2, pp. 26-33, nov. 2008.
3. Haroldo de Campos, "A linguagem do Iauaretê", publicado originalmente no Suplemento Literário de *O Estado de S. Paulo*, em 22 de dezembro de 1962, hoje em *Metalinguagem e outras metas*. São Paulo: Perspectiva, 1992, pp. 57-63.
4. Mais exatamente: "[...] Riobaldo é algo assim como Raskólnikov, mas um Raskólnikov sem culpa, e que entretanto deve expiá-la. Mas creio que Riobaldo também não é isso; melhor é apenas o Brasil". João Guimarães Rosa, em entrevista a Günter W. Lorenz, concedida em Gênova,

em janeiro de 1965, em *Diálogo com a América Latina: Panorama de uma literatura do futuro*. Trad. de Rosemary Costhek Abílio e Fredy de Souza Rodrigues. São Paulo: EPU, 1973, p. 353.
5. A suma dessas considerações encontra-se no ensaio "Rosa e Clarice, a fera e o fora", transcrição de uma conferência realizada na Unicamp em 2013, *Revista Letras*, n. 98, pp. 9-30, jul.-dez. 2018.
6. Cf., por exemplo, Gabriel Giorgi, *Formas comunes: Animalidad, cultura, biopolítica*. Buenos Aires: Eterna Cadencia, 2014.
7. Haroldo de Campos, "A linguagem do Iauaretê", op. cit., p. 60.
8. Eduardo Viveiros de Castro, "O perspectivismo é a retomada da antropofagia oswaldiana em novos termos" [2007], entrevista a Luísa Elvira Belaunde, em *Eduardo Viveiros de Castro*. Org. de Renato Sztutman. Rio de Janeiro: Azougue, 2008, p. 128.
9. Talvez se possa arriscar também a hipótese de uma leitura da figura de Diadorim, na ambivalência sexual que sustenta ao longo de quase todo o romance de Rosa (e sem a qual não existe o amor de Riobaldo como desejo torturado e diabólico), por meio dessa chave da "superposição intensiva de estados heterogêneos".
10. Eduardo Viveiros de Castro, *Metafísicas canibais: Elementos para uma antropologia pós-estrutural* [2009]. São Paulo: Cosac Naify; n-1 Edições, 2015, p. 56.
11. Id., "O perspectivismo é a retomada da antropofagia oswaldiana em novos termos", op. cit., p. 128.
12. Id., "Uma boa política é aquela que multiplica os possíveis", entrevista a Renato Sztutman e Stelio Marras, em Renato Sztutman (Org.), *Eduardo Viveiros de Castro*, op. cit., pp. 246-8.
13. João Guimarães Rosa, em entrevista a Günter W. Lorenz, op. cit., p. 343. Também *Diadorim*, vale lembrar, se vale da raiz *diá-*.
14. Haroldo de Campos, "A linguagem do Iauaretê", op. cit., pp. 57-8.
15. Ibid., p. 60.
16. Ibid.
17. Eduardo Viveiros de Castro, "Uma boa política é aquela que multiplica os possíveis", op. cit., p. 248.
18. Jogo aqui com termos de "Aletria e hermenêutica", um dos prefácios de *Tutameia*, que serão retomados em seguida.
19. Se me for permitido juntar, numa única formulação, Horácio e Glauber Rocha (e, por meio dele, Euclides da Cunha), evocando a um só tempo as ruínas das artes e os cadáveres do genocídio das populações originárias, do massacre de Canudos, do fim do bando de Lampião... Em suma, nosso "museu de cabeças", como formulou Joaquim Cardozo, em "Antônio Conselheiro: Drama em dez quadros e dois atos" [1975], em *Teatro de Joaquim Cardozo: Obra*

completa (Recife: Cepe, 2017), p. 531. Cf. Manoel Ricardo de Lima, "A máquina moderna de Joaquim Cardozo", *Sinais Sociais*, v. 6, n. 18, pp. 128-61, abr. 2012.
20. E ainda: "Onde estão as raízes sociais e históricas da culpa compulsiva que anima a narrativa de Riobaldo?". "Questões para Kathrin H. Rosenfield", entrevista a Marília Librandi Rocha, Hans Ulrich Gumbrecht, Lawrence Flores Pereira e Luiz Costa Lima, *Floema*, n. 3, p. 50, jan.-jun. 2006.
21. Cf. Veronica Stigger, "O esvaziamento: Mira Schendel e a poesia da destruição", *Marcelina*, n. 2, pp. 7-16, 2009.
22. João Guimarães Rosa, em entrevista a Günter W. Lorenz, op. cit., p. 340.
23. Cf. Eduardo Viveiros de Castro, *Araweté: Os deuses canibais*. Rio de Janeiro: Zahar, 1986, p. 583 — mas ver todo o subcapítulo "A palavra alheia: O outro como música, e seus cantores", pp. 526-605.
24. Cf. *Guilherme Orlandini Heurich*, "Palavras quebradas na poética araweté", *Cult*, 29 set. 2016. Disponível em: <revistacult.uol.com.br/home/palavras-quebradas-na-poetica-arawete/> Acesso em 22 de set. de 2022.
25. Daniela Arbex, *Holocausto brasileiro*. São Paulo: Geração, 2013.
26. João Guimarães Rosa, "Sorôco, sua mãe, sua filha", em *Primeiras estórias* [1962]. Rio de Janeiro: Nova Fronteira, 2005, p. 64.
27. Não por acaso, "estrofe", em latim e italiano, é "quarto" — *stantia, stanza*.
28. João Guimarães Rosa, "Makiné" [1930], em *Antes das primeiras estórias*. Rio de Janeiro: Nova Fronteira, 2011, pp. 39-40.
29. Ibid., p. 47.
30. Ibid., p. 48.
31. Ibid. Também Kartpheq, em alguma medida, reaparecerá em *Grande sertão: veredas* (1956), no momento em que Riobaldo fala de seus gostos em leitura: "Em tanto, ponho primazia é na leitura proveitosa, vida de santo, virtudes e exemplos — *missionário esperto engambelando os índios*, ou São Francisco de Assis, Santo Antônio, São Geraldo..." (Rio de Janeiro: Nova Fronteira, 2001, p. 38). Grifo meu.
32. João Guimarães Rosa, "Makiné", op. cit., pp. 50-1.
33. Id., "Uns índios (sua fala)", em *Ave, palavra*. Rio de Janeiro: José Olympio, 1970, p. 88.
34. Id., *Grande sertão: veredas*, op. cit., p. 46.
35. Id., "Uns índios (sua fala)", op. cit., p. 88.
36. Ibid., p. 90.
37. "[...] fala Riobaldo, falam nele as linguagens do mato." João Adolfo Hansen, *o O: A ficção da literatura em* Grande sertão: veredas. São Paulo: Hedra, 2000, p. 50.
38. Cf. Ettore Finazzi-Agrò, "A origem em ausência: A figuração do índio na cultura brasileira", em *Entretempos: Mapeando a história da cultura brasileira*. São Paulo: Editora Unesp, 2013, pp. 206-7.

39. João Guimarães Rosa, "Uns índios (sua fala)", op. cit., pp. 89-90.
40. O final de "Sorôco, sua mãe, sua filha", op. cit., dá uma resposta.
41. João Guimarães Rosa, "Ao Pantanal" [1953], em *Ave, palavra*, op. cit., p. 173.
42. Ibid., pp. 171-2.
43. João Adolfo Hansen, *o O*, op. cit., pp. 48-9, 22.
44. Cf. Willi Bolle, *grandesertão.br: O romance de formação do Brasil*. São Paulo: Duas Cidades; Editora 34, 2004 ("A ideia-guia desse estudo comparativo é a hipótese de que *Grande sertão: veredas* é uma 'reescrita' de *Os sertões*", pp. 26-7). E antes dele, claro, Antonio Candido, "O homem dos avessos" [1957], em *Tese e antítese: Ensaios*. São Paulo: T. A. Queiroz, 1964, pp. 119-39.
45. Cf. Suzi Frankl Sperber, "A virtude do jaguar: Mitologia grega e indígena no sertão rosiano", *Remate de Males*, v. 12, pp. 89-94, 1992; id., "Rogando coisas de salvação urgente: Em busca de Terra sem Mal", *Scripta*, v. 9, n. 17, pp. 325-39, 2005; Valquiria Wey, "Entrar para a tribu literária: A tradução de 'Meu tio o iauaretê'", *Scripta*, v. 9, n. 17, pp. 340-55, 2005.
46. João Guimarães Rosa, "Aletria e hermenêutica", em *Tutameia* [1967]. Rio de Janeiro: Nova Fronteira, 1985, p. 7.
47. Gianfranco Contini, "Un Faust brasiliano" [1971], em *Altri esercizî (1942-1971)*. Turim: Einaudi, 1972, pp. 317-21.
48. Dawid Danilo Bartelt, "Palavras secas: O discurso sobre o 'sertão' no século XIX", em João Cezar de Castro Rocha (Org.), *Nenhum Brasil existe: Pequena enciclopédia*. Rio de Janeiro: Topbooks; UERJ; UniverCidade, 2003, p. 587.
49. Cf. "Pé-duro, chapéu-de-couro" [1952], em *Ave, palavra*, op. cit., pp. 123-43.
50. Gayatri Chakravorty Spivak, *Pode o subalterno falar?* [1985]. Trad. de Sandra Regina Goulart Almeida, Marcos Pereira Feitosa e André Pereira Feitosa. Belo Horizonte: Editora UFMG, 2010, p. 126.
51. Ibid., p. 125. O trecho citado de Derrida provém de *De um tom apocalíptico adotado há pouco em filosofia*.
52. João Guimarães Rosa, *Ave, palavra*, op. cit., p. 96.
53. Cf. Ettore Finazzi-Agrò, "A origem em ausência: A figuração do índio na cultura brasileira", op. cit., pp. 187-234.
54. Eduardo Viveiros de Castro, "A indianidade é um projeto de futuro, não uma memória do passado", entrevista a Pádua Fernandes, *Prisma Jurídico*, v. 10, n. 2, p. 265, jul.-dez. 2011.
55. Déborah Danowski e Eduardo Viveiros de Castro, *Há mundo por vir?: Ensaio sobre os medos e os fins*. Desterro, Florianópolis: Cultura e Barbárie; São Paulo: Instituto Socioambiental, 2014, p. 158. A expressão "figuração do futuro" é extraída de Stine Krøijer, "Figurations of the Future: On the Form and Temporality of Protests among Left Radical Activists in Northern Europe", *Social Analysis*, v. 54, n. 3, pp. 139-52, 2010.

56. Eduardo Viveiros de Castro, "A indianidade é um projeto de futuro, não uma memória do passado", op. cit., p. 265.
57. Jacques Derrida, *Essa estranha instituição chamada literatura: Uma entrevista com Jacques Derrida* [1992]. Trad. de Marileide Dias Esqueda. Belo Horizonte: Editora UFMG, 2014.
58. Oswald de Andrade, "Manifesto Antropófago" [1928], em *A utopia antropofágica*. São Paulo: Globo; Secretaria de Estado da Cultura, 1990, p. 47.
59. Luiz Martins de Souza Dantas, segundo Claude Lévi-Strauss, *Tristes trópicos* [1955]. Trad. de Wilson Martins (revista pelo autor). São Paulo: Anhembi, 1957, pp. 44-5.
60. Claude Lévi-Strauss, *Tristes trópicos*, op. cit., p. 45.
61. Oswaldo Costa, "Da Antropofagia", *Revista de Antropofagia*, 2ª dentição, n. 9, suplemento ao *Diário de S. Paulo*, p. 10, 15 maio 1929.
62. Cf. João Guimarães Rosa, "Aletria e hermenêutica", op. cit. Sobre esse "título aparentemente absurdo", disse Kathrin H. Rosenfield, que "alerta sobre a necessidade do 'desvio' literal, da invenção de combinações e de relações virtuais, como único acesso à interpretação" (*Os descaminhos do demo: Tradição e ruptura em* Grande sertão: veredas. Rio de Janeiro: Imago; São Paulo: Edusp, 1993, p. 15n). Onde se lê "interpretação", leia-se também *escrita literária*.
63. Cf. Andrea Daher, *A oralidade perdida: Ensaios de história das práticas letradas*. Rio de Janeiro: Civilização Brasileira, 2012.
64. Cf. Augusto de Campos, "Um lance de 'dês' do *Grande sertão*" [1959], em Pedro Xisto, Augusto de Campos e Haroldo de Campos, *Guimarães Rosa em três dimensões*. São Paulo: Conselho Estadual de Cultura; Comissão de Literatura, 1970, pp. 41-70.
65. Cf. Pedro Serra, "Arqueofonia e língua do império na poesia pós-25 de abril: O caso de António Franco Alexandre", *Relâmpago: Revista de Poesia*, v. 29-30, pp. 81-109, 2012. ("Chamo 'arqueofonia' ao estudo do objecto intratável que é o sopro de ar modelado pelo corpo humano, o vento sónico carregado ora de sentido, ora de ruído a que chamamos voz.")
66. João Guimarães Rosa, *Grande sertão: veredas*, op. cit., p. 157.
67. Antonio Candido, em *Depoimentos sobre João Guimarães Rosa e sua obra: Antonio Callado, Antonio Candido, Décio Pignatari, Haroldo de Campos, Paulo Mendes da Rocha, Sérgio Sant'Anna*. Rio de Janeiro: Nova Fronteira, 2011, p. 25.
68. Id., "Às coisas de poesia" [1961], em *Ave, palavra*, op. cit., p. 50.
69. Id., *Grande sertão: veredas*, op. cit., p. 43. Grifo meu.
70. Ibid., p. 382.
71. João Adolfo Hansen, *o O*, op. cit., pp. 48-9.
72. João Guimarães Rosa, "Sobre a escova e a dúvida", em *Tutameia*, op. cit., pp. 172-3.

73. Marília Librandi Rocha, "Os avessos da fala", em *Maranhão-Manhattan: Ensaios de literatura brasileira*. Rio de Janeiro: 7Letras, 2009, p. 165.
74. Clara Rowland, "Língua de onça: Onomatopeia e legibilidade em 'Meu tio o Iauaretê', de Guimarães Rosa", *Literatura e Sociedade*, n. 20, pp. 107-14, 2015.
75. "O empenho de iniciar e manter a comunicação é típico das aves falantes; dessarte, a função fática da linguagem é a única que partilham com os seres humanos. É também a primeira função verbal que as crianças adquirem; elas têm tendência a comunicar-se antes de serem capazes de enviar ou receber comunicação informativa." Roman Jakobson, "Linguística e poética" [1960], em *Linguística e comunicação*. Trad. de Izidoro Blikstein e José Paulo Paes. São Paulo: Cultrix, 1991, p. 127.

O errante, a terra [pp. 161-86]

1. Joaquim de Sousândrade, *O Guesa* [1858-1902]. São Paulo: Demônio Negro, 2009, p. 19.
2. Ibid.
3. Augusto de Campos, "Errâncias de Sousândrade", em Joaquim de Sousândrade, *O Guesa*, op. cit., p. 7.
4. Joaquim de Sousândrade, *O Guesa*, op. cit., p. 60.
5. Cf. Ibid., pp. 22, 29, 60, 84.
6. Marília Librandi Rocha, "Maranhão-Manhattan: uma ponte entre nós: Uma visão dissonante da literatura e da cultura brasileiras", em *Maranhão-Manhattan: Ensaios de literatura brasileira*. Rio de Janeiro: 7Letras, 2009, p. 23.
7. Ibid.
8. Ibid., p. 24.
9. Ibid.
10. Ibid., p. 23.
11. Giorgio Agamben, "Giorgio Agamben, intervista a Peppe Savà: Amo Scicli e Guccione", RagusaNews.com, 16 ago. 2012. Há uma tradução brasileira por Selvino Assmann, "Deus não morreu. Ele tornou-se Dinheiro". Entrevista com Giorgio Agamben, IHU On-Line, 30 ago. 2012. Disponível em: <www.ihu.unisinos.br/noticias/512966-giorgio-agamben> Acesso em 22 de set. de 2022.
12. Luiz Costa Lima, "O campo visual de uma experiência antecipadora: Sousândrade", em Augusto de Campos e Haroldo de Campos, *ReVisão de Sousândrade*. 2. ed. rev. e aum. Rio de Janeiro: Nova Fronteira, 1982, pp. 395-434.
13. Não deixa de ser extremamente significativo que Luiz Costa Lima exclua da enumeração dos "elementos" precisamente a *terra*, ou seja, precisamente aquele elemento ao qual Sousândrade parece estar mais

ligado — e que por certo, com sua materialidade bruta, é um problema para o romantismo menos radical.
14. Luiz Costa Lima, "O campo visual de uma experiência antecipadora: Sousândrade", op. cit., pp. 399-400 e 407.
15. Ibid., p. 407.
16. Ibid., p. 410.
17. Apud Joaquim de Sousândrade, *O Guesa*, op. cit., p. 17.
18. Ruy Belo, "Explicação que o autor houve por indispensável antepor a esta segunda edição" [1972], em *Aquele grande rio Eufrates* [1961, 2. ed. rev. 1972], hoje em *Todos os poemas*. Lisboa: Assírio & Alvim, 2000, p. 15.
19. Joaquim de Sousândrade, *O Guesa*, op. cit., pp. 291-3.
20. Ibid., p. 35.
21. Ibid., pp. 38-9.
22. Ibid., p. 37.
23. Ibid., p. 47.
24. Com a expressão, refere-se especificamente aos "remanescentes atuais de altas civilizações originais contra as quais se chocou a expansão europeia", isto é, aos sobreviventes das grandes civilizações pré-colombianas, como incas e maias. Darcy Ribeiro, *Testemunho*. São Paulo: Siciliano, 1991, p. 94.
25. Giorgio Agamben, *Quel che resta di Auschwitz: L'archivio e il testimone*. Turim: Bollati Boringhieri, 1998.
26. Eduardo Viveiros de Castro, "A indianidade é um projeto de futuro, não uma memória do passado", entrevista a Pádua Fernandes, *Prisma Jurídico*, v. 10, n. 2, p. 265, jul.-dez. 2011.
27. Déborah Danowski e Eduardo Viveiros de Castro, *Há mundo por vir?: Ensaio sobre os medos e os fins*. Desterro, Florianópolis: Cultura e Barbárie; São Paulo: Instituto Socioambiental, 2014, p. 158. A expressão "figuração do futuro" é extraída de Stine Krøijer, "Figurations of the Future: On the Form and Temporality of Protests among Left Radical Activists in Northern Europe", *Social Analysis*, v. 54, n. 3, pp. 139-52, 2010.
28. Machado de Assis, "[Notícia atual da] Literatura brasileira — Instincto de nacionalidade" [1873], em *Critica litteraria*. Rio de Janeiro; São Paulo; Porto Alegre: W. M. Jackson, 1944, p. 136.
29. Ibid., p. 137.
30. "Ele se enganou de povo, de terra, de sangue." Gilles Deleuze e Félix Guattari, *O que é a filosofia?* [1991]. Trad. de Bento Prado Jr. e Alberto Alonso Muñoz. São Paulo: Editora 34, 2001, p. 141.
31. Ibid., pp. 141-2. Tradução ligeiramente modificada.
32. Franz Kafka, "Desejo de se tornar índio", trad. de José Maria Vieira Mendes, em *Os contos*, v. 1: *Textos publicados em vida do autor*. Org. de José

Maria Vieira Mendes. Trad. de Álvaro Gonçalves, José Maria Vieira Mendes e Manuel Resende. Lisboa: Assírio & Alvim, 2004, p. 46.
33. Oswald de Andrade, "Virar índio" [1946], em *Telefonema*. Org. de Vera Maria Chalmers. São Paulo: Globo, 1996, pp. 135-6.
34. Eduardo Viveiros de Castro, "O chocalho do xamã é um acelerador de partículas" [1999], entrevista a Renato Sztutman, Silvana Nascimento e Stelio Marras, em *Eduardo Viveiros de Castro*. Org. de Renato Sztutman. Rio de Janeiro: Azougue, 2007, p. 47; id., "Uma boa política é aquela que multiplica os possíveis" [2007], entrevista a Renato Sztutman e Stelio Marras, em *Eduardo Viveiros de Castro*, op. cit., p. 249. O autor já formulara o tema da etnologia como "fuga do Brasil" na primeira seção — intitulada precisamente "Fugindo do Brasil" — do depoimento "O campo na selva, visto da praia", *Estudos Históricos*, v. 5, n. 10, pp. 170-2, 1992.
35. Eduardo Viveiros de Castro, "No Brasil todo mundo é índio, exceto quem não é" [2006], entrevista a Carlos Dias Jr., Fany Ricardo, Lívia Chede Almendary, Renato Sztutman, Rogério Duarte do Pateo e Uirá Felippe Garcia, em *Eduardo Viveiros de Castro*, op. cit., p. 146.
36. Ibid., pp. 146-7.
37. Ibid., p. 147.
38. Ibid., pp. 147-8.
39. Ibid., p. 157: "Os brancos lamentam que há vários brancos querendo virar índio e, ao mesmo tempo, que há vários índios querendo virar branco. Os Yanomami estão querendo virar branco, e os caboclos lá da Pedra Furada, no sertão do Cariri ou sei lá onde, estão querendo virar índio. O mundo está de cabeça para baixo. Os Yanomami deviam continuar a querer ser índios (alguém precisa continuar a querer ser; alguns índios são necessários), e os caboclos deveriam continuar a querer ser brancos, cada vez mais brancos — cidadania".
40. Ibid., p. 142.
41. Ibid., pp. 135-7.
42. E o que *ainda não existe* é, às vezes, a forma possível — isto é, *de novo possível* — do que *já não existe*.
43. Déborah Danowski e Eduardo Viveiros de Castro, *Há mundo por vir?*, op. cit., pp. 156-7.
44. "Há muitos mundos no Mundo." Ibid., p. 155.
45. J. M. G. Le Clézio, *Índio branco* [1971 (título original: *Haï*)]. Trad. de Júlio Henriques. Lisboa: Fenda, 1989, p. 13.
46. Augusto de Campos, "Errâncias de Sousândrade", op. cit., pp. 8-9. Já antes em Augusto e Haroldo de Campos, "Sousândrade: O terremoto clandestino", *ReVisão de Sousândrade*, op. cit., p. 42.
47. Augusto e Haroldo de Campos, "Sousândrade: O terremoto clandestino", op. cit., p. 42.

48. Ibid., p. 109.
49. Joaquim de Sousândrade, *O Guesa*, op. cit., p. 247.
50. Kiki Mazzucchelli, "Sobre marfins, dentes e ossos: Uma breve introdução ao trabalho de Paulo Nazareth", em Paulo Nazareth, *Paulo Nazareth: Arte contemporânea/LTDA*. Rio de Janeiro: Cobogó, 2012, n.p.
51. Ibid.
52. Ibid.
53. Ibid.
54. Ibid.
55. Ibid.
56. Ibid.
57. Paulo Nazareth, *Paulo Nazareth: Arte contemporânea/LTDA*, op. cit., n.p.
58. Kiki Mazzucchelli, "Sobre marfins, dentes e ossos: Uma breve introdução ao trabalho de Paulo Nazareth", op. cit., n.p.
59. Joaquim de Sousândrade, *O Guesa*, op. cit., p. 20.
60. Marília Librandi Rocha, "Maranhão-Manhattan: uma ponte entre nós: Uma visão dissonante da literatura e da cultura brasileiras", op. cit., p. 49.
61. Ibid.
62. Cf. Jorge Herralde, "Respuestas a un cuestionario de la revista *Qué pasa* de Santiago de Chile" [2004], em *Para Roberto Bolaño*. Buenos Aires: Adriana Hidalgo, 2005, p. 65: "Penso que 2666 pertence ao clube de *O processo* e *O castelo* de Kafka, *Em busca do tempo perdido* de Proust, *O homem sem qualidades* de Musil, ou *Bouvard e Pécuchet* de Flaubert. Um clube de 'inacabadas' novelas imortais".
63. Joaquim de Sousândrade, *O Guesa*, op. cit., p. 50.
64. Ibid., p. 284.
65. Ibid., p. 247. Desse verso, Déborah Danowski e Eduardo Viveiros de Castro extraíram o título do seu *Há mundo por vir?: Ensaio sobre os medos e os fins*, op. cit.
66. Joaquim de Sousândrade, *O Guesa*, op. cit., p. 264.

Fotografia como circum-navegação da antrologia [pp. 187-205]

1. Cf. Eduardo Viveiros de Castro, "A identidade na era de sua reprodutibilidade técnica", entrevista a Pedro Peixoto Ferreira, Fábio Candotti, Francisco Caminati e Eduardo Duwe, *Nada*, v. 11, p. 36, 2008: "[...] a minha relação com a fotografia sempre foi muito amadora, enquanto que a minha relação com a antropologia é profissional".
2. Um ótimo balanço pessoal desse momento de maturidade é oferecido em Eduardo Viveiros de Castro, "'Transformação' na antropologia, transformação da 'antropologia'", *Mana*, v. 18, n. 1, pp. 151-71, 2012. Trata-se do

texto da conferência proferida em 24 de agosto de 2011 no Museu Nacional, no âmbito de concurso para professor titular dessa instituição.
3. Eduardo Viveiros de Castro, *Araweté: Os deuses canibais*. Rio de Janeiro: Jorge Zahar; Anpocs, 1986, caderno sem paginação, entre as pp. 127 e 129; id., *A inconstância da alma selvagem e outros ensaios de antropologia*. São Paulo: Cosac Naify, 2002, pp. 26, 266, 318, 346, 402, 458.
4. Id., *Araweté: O povo do Ipixuna*, São Paulo: Esdi, 1992.
5. Id., *Araweté: O povo do Ipixuna*. 2. ed. Lisboa: Museu Nacional de Etnologia; Assírio & Alvim, 2000; Eduardo Viveiros de Castro, Camila de Caux e Guilherme Orlandini Heurich, *Araweté: Um povo tupi da Amazônia*. 3. ed. rev. e ampl. São Paulo: Sesc São Paulo, 2016.
6. A exposição, intitulada *Araweté: Visão de um povo tupi da Amazônia*, ficou em cartaz entre 8 de outubro e 8 de novembro de 1992. Além das fotografias de Viveiros de Castro, também apresentava aquelas de Carlos Alberto Ricardo e Murilo Santos, vídeos do mesmo Santos e de Labi Mendonça, pinturas e desenhos de Rubens Matuck e objetos dos próprios Araweté.
7. Quanto a Clastres, o próprio Viveiros de Castro frisou a relação deste com 1968. Cf. "O intempestivo, ainda", posfácio a Pierre Clastres, *Arqueologia da violência: Pesquisas de antropologia política* [1980]. Trad. de Paulo Neves. São Paulo: Cosac Naify, 2011, pp. 306-7.
8. Eduardo Viveiros de Castro, "A identidade na era de sua reprodutibilidade técnica", op. cit., p. 34.
9. Ibid.
10. Ibid., p. 40.
11. Ibid., pp. 34-6.
12. Eduardo Viveiros de Castro, *Araweté: Os deuses canibais*, op. cit., p. 127.
13. Id., "Two Rituals of the Xingu", trad. de Howard S. Becker, em Howard S. Becker (Org.), *Exploring Society Photographically*. Evanston: Mary and Leigh Block Gallery; Northwestern University, 1981, p. 54.
14. Id., "O campo na selva, visto da praia", *Estudos Históricos*, v. 5, n. 10, pp. 170-2, 1992.
15. "O chocalho do xamã é um acelerador de partículas" [1999], entrevista a Renato Sztutman, Silvana Nascimento e Stelio Marras, em *Eduardo Viveiros de Castro*. Org. de Renato Sztutman. Rio de Janeiro: Azougue, 2007, p. 47; id., "Uma boa política é aquela que multiplica os possíveis" [2007], entrevista a Renato Sztutman e Stelio Marras, em *Eduardo Viveiros de Castro*, op. cit., p. 249.
16. Id., "A identidade na era de sua reprodutibilidade técnica", op. cit., p. 36.
17. Ibid.
18. Ibid.
19. Ibid.
20. Cf. Haroldo de Campos, *Transcriação*. Org. de Marcelo Tápia e Thelma Médici Nóbrega. São Paulo: Perspectiva, 2015.

21. Cf., por exemplo, Eduardo Viveiros de Castro, "O igual e o diferente", texto produzido para a mostra coletiva *Ex-posição*, organizada por Carlos Vergara em 1972. Mais informações sobre o texto em Veronica Stigger, "O parangolé e a dança dos olhares", em Eduardo Sterzi, Veronica Stigger e Eduardo Viveiros de Castro, *Variações do corpo selvagem: Eduardo Viveiros de Castro, fotógrafo* (São Paulo: Sesc São Paulo, 2017), pp. 22-7.
22. Eduardo Viveiros de Castro, *A inconstância da alma selvagem*, op. cit., p. 15.
23. Id., "A identidade na era de sua reprodutibilidade técnica", op. cit., p. 41.
24. *Cara de índio — conversa com Eduardo Viveiros de Castro*, Blog IMS, conjunto de cinco vídeos.
25. Eduardo Viveiros de Castro, "Two Rituals of the Xingu", op. cit., p. 59.
26. E os supercloses em partes de corpos, característicos do trabalho de Bisilliat com os indígenas xinguanos, mostram algo como o limite representacional do indivíduo: a superindividualização do fragmento corpóreo dá a ver uma implosão do aspecto propriamente individual.
27. Ao que acrescenta, em resposta, Déborah Danowski: "Exemplo funciona por variação, modelo por cópia. Exemplo é tardeano, modelo platônico" (@debidanowski, 17 mar. 2016).
28. @nemoid321, 17 mar. 2016.
29. Eduardo Viveiros de Castro, "A escravidão venceu no Brasil: Nunca foi abolida", entrevista a Alexandra Lucas Coelho, *Público*, suplemento Ípsilon, 16 mar. 2016.
30. Eduardo Viveiros de Castro, apud Rafael Cariello, "O antropólogo contra o Estado", *piauí*, ed. 88, dez. 2013.
31. Eduardo Viveiros de Castro e Déborah Danowski, *Há mundo por vir?: Ensaio sobre os medos e os fins*. Desterro, Florianópolis: Cultura e Barbárie; São Paulo: Instituto Socioambiental, 2014, p. 146.
32. Marielle Macé, *Styles: Critique de nos formes de vie*. Paris: Gallimard, 2016. "Pour une 'stylistique de l'existence'" (a expressão invocada é de Foucault) é o título do primeiro capítulo do livro (pp. 11-54). São abundantes as menções a Viveiros de Castro ao longo do texto, cf. pp. 30-1, 41, 203, 249-50, 271, 278, 341, 343.
33. Ibid., pp. 30-1.
34. Ibid., p. 249.
35. Cf. Eduardo Viveiros de Castro, "Esboço de cosmologia yawalapíti" e "Perspectivismo e multinaturalismo na América indígena", em *A inconstância da alma selvagem*, op. cit., pp. 27-85, especialmente pp. 71-8, com o subtítulo "A fabricação do corpo", e 347-99, especialmente p. 380, onde aparece a expressão "*maneirismo* corporal".

Sobre os textos

"Experimento e experiência"
Publicado originalmente no suplemento Prosa & Verso do jornal *O Globo*, em 2 de julho de 2011, com o título "A escrita como experimentação".

"Antropofagia como máquina de guerra"
Uma primeira versão, reduzida, deste texto foi publicada no site da editora Globo em julho de 2011. No mesmo ano, serviu de base para parte da exposição oral que fiz numa das mesas dedicadas a Oswald de Andrade na Festa Literária Internacional de Paraty (Flip). A versão completa saiu somente em 2021 na revista *Grafias*.

"Diante da lei — da gramática — da história"
Apresentado inicialmente como conferência, sob o título de "Diante da lei — da gramática — da história (Oswald de Andrade, poeta das exceções)", em novembro de 2017, no colóquio O Modernismo como Obstáculo, promovido pela Faculdade de Letras e Ciências Humanas da Universidade Nova de Lisboa e pela Rede de Professores Portugueses de Literatura Brasileira e realizado na Biblioteca Nacional de Portugal, em Lisboa. Publicado em 2018, junto com outros textos do colóquio, em dossiê da *Luso-Brazilian Review*, v. 55, n. 2. Republicado, em 2021, em *Antropofagias: um livro manifesto!: Práticas da devoração a partir de Oswald de Andrade* (Berlim: Peter Lang), organizado por Pauline Bachmann, Dayron Carrillo-Morell, André Masseno e Eduardo Jorge de Oliveira.

"O drama do poeta"
Uma primeira versão deste texto foi apresentada oralmente, sob o título de "A comunidade antropófaga", no colóquio Itinerários da Comunidade: Arte, Política, Literatura, Filosofia, realizado em setembro de 2011 na Faculdade de Letras da UFRJ. Do colóquio resultou o livro *Comunidades sem fim* (Rio de Janeiro: Circuito, 2014), organizado por João Camillo Penna e Ângela Maria Dias. Uma segunda versão, já com o título definitivo, teve inicialmente a forma de uma conferência na I Jornada de Poesia — Ecos de 22 na Poesia Brasileira Contemporânea, promovida pelo Grupo de Pesquisa Estudos de Poética, na Pontifícia Universidade Católica de São Paulo (PUC-SP), em 30 de outubro de 2012. Esta versão foi publicada em 2013 na revista *Remate de Males*, v. 33, n. 1-2.

"O copista canibal"
Publicado originalmente em 4 de fevereiro de 2012 no suplemento Prosa do jornal *O Globo*, como resenha do livro *Movimentos modernistas no Brasil: 1922-1928* (Rio de Janeiro: José Olympio), sob o título de "Raul Bopp, o mesmo e o outro".

"A irrupção das formas selvagens"
Publicado originalmente em 2017 como posfácio de uma nova edição do *Macunaíma*, de Mário de Andrade (São Paulo: Ubu).

"O apocalipse das imagens"
Partes deste texto foram apresentadas inicialmente como palestra, em 31 de maio de 2018, no colóquio Materialities of Literature in the Museum: Narratives, Constructions, Intersections/ Materialidades da Literatura no Museu: Narrativas, Construções, Interseções, promovido pelo Romanisches Seminar e pelo Lateinamerika Zentrum Zürich da Universidade de Zurique, sob o título "Mário de Andrade e as imagens sem nenhum caráter", e como conferência de encerramento do III Encontro de Crítica e Tradução do Exílio, realizado na Faculdade de Letras da Universidade Federal de Goiás, em Goiânia, em 30 de novembro de 2018, sob o título "Mário de Andrade e o apocalipse das imagens". Sua publicação original se deu na revista *Remate de Males*, v. 39, n. 1, 2019.

"A voz sobrevivente"
Este texto teve uma primeira versão apresentada inicialmente como palestra no II Colóquio entre Literatura e História, realizado em outubro de 2011 na Faculdade de Filosofia, Letras e Ciências Humanas da Universiadade de São Paulo (FFLCH-USP), como homenagem a Ettore Finazzi-Agrò. Retomei e desenvolvi algumas de suas hipóteses em abril de 2018 para a conferência "O que resta depois do não: *Macunaíma* e o nosso tempo de fantasmas" no evento Macunaíma 90 Anos, promovido pela Tapera Taperá e pela editora Ubu.

"Uns índios (suas falas)"
Apresentado originalmente como comunicação na mesa "O som e o dom: Guimarães Rosa e o sertão 1", organizada por Marília Librandi Rocha e Ettore Finnazi-Agrò na APSA International Conference 2016, realizada na Universidade de Stanford, em Palo Alto, em 15 de outubro de 2016. Publicado em 2021 no dossiê "Antropofagias futuras" da revista *Das Questões*, v. 11, n. 1, organizado por Filipe Ceppas e João Camillo Penna.

"O errante, a terra"
Diferentes partes e versões deste texto foram apresentadas oralmente na Fundação Casa de Rui Barbosa, no Rio de Janeiro, no seminário Sobre Sousândrade, organizado por Flora Süssekind, Tania Dias e Jussara Quadros

(agosto de 2013); na Universidade Federal de Santa Catarina (UFSC), em Florianópolis, no Seminário de Pesquisa do Projeto de Intercâmbio entre UFSC, Unicamp e UFRJ (dezembro de 2013); e na Faculdade de Letras da Universidade de Coimbra, em Portugal, sob o título de "Saudades do mundo", como parte das Conferências do Mestrado em Estudos Brasileiros, em promoção do Programa de Doutoramento em Materialidades da Literatura e da Pós-Graduação em Literatura de Língua Portuguesa (julho de 2014). Foi publicado na Argentina ("El errante, la tierra", em Joaquim de Sousândrade, *El infierno de Wall Street y otros poemas*. Org. de Laura Posternak e Mauricio Colares. Buenos Aires: Corregidor, 2018) e nos Estados Unidos ("The Wanderer, the Earth: Nature and History in the Work of Sousândrade and Paulo Nazareth", em Antonio Sergio Bessa (Org.), *Form and Feeling: The Making of Concretism in Brazil*. Nova York: Fordham University Press, 2021).

"Fotografia como circum-navegação da antropologia"
Publicado originalmente, com o título "Da fotografia como circum-navegação da antropologia", no catálogo da exposição *Variações do corpo selvagem: Eduardo Viveiros de Castro, fotógrafo*, com curadoria minha e de Veronica Stigger (São Paulo: Sesc São Paulo, 2017). Republicado, a convite dos editores, na revista *Porto Arte*, v. 24, n. 42, 2019.

"O antropófago"
Inédito, escrito em 2021.

Alguns dos textos aqui reunidos beneficiaram-se de auxílio concedido pela Fundação de Amparo à Pesquisa do Estado de São Paulo (Fapesp) entre os anos de 2013 e 2015 (processo n. 13/15781-8). Outros foram realizados durante vigência de uma Bolsa de Produtividade em Pesquisa do Conselho Nacional de Desenvolvimento Científico e Tecnológico (CNPq) entre 2019 e 2022 (processo n. 313134/2018-9). Às duas instituições, meu agradecimento.

O conjunto dos textos foi examinado como tese de livre-docência na Universidade Estadual de Campinas (Unicamp), em setembro de 2022. Muitas das hipóteses de leitura aqui retomadas foram também apresentadas e discutidas em aulas de graduação e pós-graduação na Unicamp, assim como em cursos que dei como professor visitante — especialmente o intitulado Ressonâncias da Antropofagia, no Instituto de Estudos Brasileiros da Universidade de Coimbra, em fevereiro de 2019.

Aos alunos, em todas essas ocasiões, assim como a todos os demais interlocutores que tiveram contato com as formulações iniciais das propostas agora reunidas numa forma um pouco menos incipiente e que, de modo generoso, colaboraram para o seu aprimoramento, agradeço. E agradeço, como sempre, à interlocutora maior, sem a qual este livro não existiria, Veronica Stigger.

Créditos das imagens

capa Eduardo Viveiros de Castro. *Estrutura de uma nova casa para o filho da casa ao lado*, 1982.

p. 84: [Fig. 1] *Macunaíma 4*, de Luiz Zerbini, 2017. Foto de Pat Kilgore.
p. 84: [Fig. 2] *Macunaíma 76*, de Luiz Zerbini, 2017. Foto de Pat Kilgore.
p. 106: [Figs. 3-4] *Macunaíma*. Direção de Joaquim Pedro de Andrade, 1969. 110 minutos.
p. 107-8: [Figs. 5-6] Carybé. Ilustrações para o livro *Macunaíma*, 1943.
p. 109: [Fig. 7] Nuno Ramos. *Verme anjo*, 2010. Foto de Edouard Fraipont. Obra cedida pela Galeria Fortes D'Aloia & Gabriel.
p. 109: [Fig. 8] Nuno Ramos. *Anjo e boneco*, 2013. Foto de Eduardo Ortega. Obra cedida pela Galeria Fortes D'Aloia & Gabriel.
p. 110: [Fig. 10] Lasar Segall. *Retrato de Mário de Andrade*, 1927. Museu Lasar Segall.
p. 111: [Fig. 11] Mário de Andrade. *Sombra minha/ Sta. Tereza do Alto* 1-1-28, 1928. Arquivo IEB-USP, Fundo Mário de Andrade, código de referência: MA-F-0752.
p. 112: [Fig. 12] Pedro Alexandrino. *Cozinha na roça*, 1984. Acervo da Pinacoteca do Estado de São Paulo. Transferência do Museu Paulista, 1905. Foto de Isabella Matheus.
p. 203: [Fig. 13] Eduardo Viveiros de Castro. *Iapi'ï-do trançando uma corda de curauá*. Araweté, aldeia do Médio Ipixuna, Xingu, 1982.
p. 203: [Fig. 14] Eduardo Viveiros de Castro. *Maria-hi fiando algodão*. Aldeia do Médio Ipixuna, 1982
p. 204: [Fig. 15] Eduardo Viveiros de Castro. *Irano-ro descansa enquanto sua mulher tece esteiras de babaçu*, 1981.
p. 204: [Fig. 16] Eduardo Viveiros de Castro. *No acampamento da caçada coletiva antes do cauim*, 1981.
p. 205: [Fig. 17] Eduardo Viveiros de Castro. *Senhora atípica em Altamira durante a Copa do Mundo*, 1982.
p. 205: [Fig. 18] Eduardo Viveiros de Castro. *Hélio Oiticica no êxtase volátil do Bólide Saco em* HO. Rio de Janeiro, 1979. Catálogo da exposição *Variações do corpo selvagem: Eduardo Viveiros de Castro, fotógrafo*.
p. 205: [Fig. 19] Eduardo Viveiros de Castro. *O poeta Waly Salomão com o rosto pintado de vermelho durante as filmagens de* HO, 1979. Catálogo da exposição *Variações do corpo selvagem: Eduardo Viveiros de Castro, fotógrafo*.

Todos os esforços foram feitos para encontrar os detentores de direitos autorais das fotos incluídas neste livro. Em caso de eventual omissão, a Todavia terá prazer em corrigi-la em edições futuras.

© Eduardo Sterzi, 2022

Todos os direitos desta edição reservados à Todavia.

Grafia atualizada segundo o Acordo Ortográfico da Língua Portuguesa de 1990, que entrou em vigor em 2009.

capa
Bloco Gráfico
composição
Jussara Fino
tratamento de imagens
Carlos Mesquita
preparação
Jane Pessoa
revisão
Huendel Viana
Ana Maria Barbosa

Dados Internacionais de Catalogação na Publicação (CIP)

Sterzi, Eduardo (1973-)
Saudades do mundo : Notícias da Antropofagia / Eduardo Sterzi. — 1. ed. — São Paulo : Todavia, 2022.

ISBN 978-65-5692-369-7

1. Literatura brasileira. 2. Ensaio. 3. Antropofagia. I. Andrade, Oswald de. II. Andrade, Mário de. III. Título.

CDD B869.4

Índice para catálogo sistemático:
1. Literatura brasileira : Ensaio B869.4

Bruna Heller — Bibliotecária — CRB 10/2348

todavia
Rua Luís Anhaia, 44
05433.020 São Paulo SP
T. 55 11. 3094 0500
www.todavialivros.com.br

fonte
Register*
papel
Pólen natural 80 g/m²
impressão
Geográfica